Ichizo Ueda & Takayuki Ishii

植田一三＋石井隆之
Aquaries School of Communication 学長　著　近畿大学教授

TOEIC® TEST 990点満点 リーディング

頻出パターン徹底攻略と語彙問題大特訓

超難問の出題パターンを知り、すばやく確実に正解をつかむための「極意」

TOEIC is a registered trademark of Educational Testing Service (ETS).
This publication is not endorsed or approved by ETS.

プロローグ

　みなさんお元気ですか。本シリーズ第2弾『TOEIC® TEST990点満点英文法・語彙』が出版されてから、よくリクエストをいただくようになったのが、TOEICで満点や高得点をゲットするために、リーディングセクションのPart 7のスコアをUPするための攻略法本です。というのも、ここ2年でPart 7の問題はパッセージの長さが平均すると約1.25倍になり、しかも以前は、ほとんどすべての問題がパッセージを前から読み進めていけば解けるものであったのが、そうではなくなり、答えが非常に見つけにくくなったからです。その結果、以前は900点レベルの人なら、問題をほぼ全問解ききれたのが、今では1パッセージ分の問題が手つかずの状態になってしまうことがあるようです。

　そこで本書は、問題のレベルが高くなっても、満点や高得点をゲットしたい英語学習者のニーズに応えるために、次の構成で読解問題攻略トレーニングを行います。

　まず第1章では、Part 7の全般的な問題傾向と全問正解の極意の概論を述べます。次に第2章では、「**頻出パターン15**」を完全に制覇し、読解問題を「**最短時間で確実に正解するための極意**」を学びます。これによってPart 7ではどんな問題が出題されるかが予測でき、今まで時間が足りなかった人でも問題を解ききれるようになります。第3章では、受験者を悩ませ、満点や高得点をゲットする大きな障害となっている「**トリック問題パターン**」を制覇します。つまり「**5つの難問パターン**」「**3つの誤答パターン**」「**5つの正答パターン**」をマスターすることによって、ワナにはまらず素早く正解を導き出せるように大特訓を行います。第4章では、文脈内の類語言い換え問題で満点をゲットできるように、実際の試験に即したパッセージの中での言い換え問題と、短文中での言い換え問題の2段構えで徹底トレーニングを行います。そして最後の第5章では、実際のTOEIC Part 7のどんな難問でも、びくともせずに楽に解けるように、公式問題に即し、かつほとんどが860点や900点レベルの超難問で構成された「**究極の超難問大特訓**」を行い、それまでのトレーニングの総仕上げとします。

全般的に、本書は、前著『TOEIC® TEST990点満点英文法・語彙』と同様、難しめの860点レベルの問題やさらに最難関の950点レベルまでの問題をカバーし、800点レベル、860点レベル、900点レベル、950点レベルの4段階マーキングをし、全問題の平均レベルが860点レベルになるようにしました。それによって、中上級者が最大の学習効率でTOEICの高得点を取るためのトレーニングができるように工夫されています。とにかく、どのセンクションを取っても、チャレンジングな問題を厳選しており、中上級レベルの人にとって、本書は勉強効率の点で他の問題集とは一線を画した、画期的な読解問題対策の1冊であるということに気づかれることでしょう。そして、その「負荷（チャレンジ度）」の高さから来る、勉強効率の高さには必ずや驚かれることでしょう。

　最後に、本書の制作にあたり、問題＆解説作成全般に渡って多大な努力をしてくれたアクエアリーズスタッフの吉村聡宏氏（第1章、2章、3章、5章担当）、ミッチー里中氏（第4章担当）、長谷川幸男氏（第2章、5章担当）、校正を担当してくれた田中秀樹氏、上田敏子氏、校閲をお願いしたベルリッツスクール講師のJoe Ciunci氏、および編集をしてくださった明日香出版社の小野田幸子氏には心から感謝の意を表します。それから何よりも、いつも私たちの努力の結晶である著書を愛読してくださる読者の皆さんには心からお礼を申し上げます。それでは皆さん、明日に向かって英悟の道を。

　Let's enjoy the process!（陽は必ず昇る！）**Thank you!**

平成23年11月

植田　一三

石井　隆之

もくじ

第1章　TOEIC Part 7 全問正解の極意とは!? 11

- TOEIC スコア別学習法　12
- なぜ990点が取れないか　13
- Part 7 全問正解の極意　14
- Part 7 の出題傾向とは!?　16
- Part 7 の難問比率とは!?　18
- Part 7 全問正解のための大特訓プログラムとは!?　19

第2章　TOEIC Part 7 頻出15パターン完全攻略！ 25

[1] e-mail（Eメール）の攻略法はこれだ！　28
　　最短時間で確実に正解するための極意　31
　　★TOEIC 満点獲得のための語彙力 UP 大特訓1
　　［ビジネス編①］　33

[2] letter（手紙）の攻略法はこれだ！　35
　　最短時間で確実に正解するための極意　38
　　★TOEIC 満点獲得のための語彙力 UP 大特訓2
　　［ビジネス編②］　40

[3] message（伝言、メッセージ）の攻略法はこれだ！ *42*

　　最短時間で確実に正解するための極意 *45*

　　★TOEIC 満点獲得のための語彙力 UP 大特訓3
　　［ビジネス編③］ *47*

[4] advertisement（広告）①求人の攻略法はこれだ！ *49*

　　最短時間で確実に正解するための極意 *52*

　　★TOEIC 満点獲得のための語彙力 UP 大特訓4
　　［郵便・通信・メディア編］ *54*

[5] advertisement（広告）②宣伝の攻略法はこれだ！ *56*

　　最短時間で確実に正解するための極意 *59*

　　★TOEIC 満点獲得のための語彙力 UP 大特訓5
　　［スーパーマーケット編］ *61*

[6] article（記事）①都市政策の攻略法はこれだ！ *63*

　　最短時間で確実に正解するための極意 *66*

　　★TOEIC 満点獲得のための語彙力 UP 大特訓6
　　［アパート・店・食物編］ *68*

[7] article（記事）②新規出店・新商品発売の攻略法はこれだ！ *70*

　　最短時間で確実に正解するための極意 *73*

　　★TOEIC 満点獲得のための語彙力 UP 大特訓7
　　［乗り物・交通・戸外編］ *75*

[8] article（記事）③合併の攻略法はこれだ！ *77*

　　最短時間で確実に正解するための極意 *80*

　　★TOEIC 満点獲得のための語彙力 UP 大特訓8
　　［娯楽・日用品編］ *82*

［9］notice（告知）の攻略法はこれだ！　*84*
 最短時間で確実に正解するための極意　*87*
 ★TOEIC満点獲得のための語彙力UP大特訓9［例文①］　*88*

［10］memo（社内通知）の攻略法はこれだ！　*89*
 最短時間で確実に正解するための極意　*92*
 ★TOEIC満点獲得のための語彙力UP大特訓10［例文②］　*94*

［11］information（インフォメーション）の攻略法はこれだ！　*95*
 最短時間で確実に正解するための極意　*98*
 ★TOEIC満点獲得のための語彙力UP大特訓11［例文③］　*99*

［12］announcement（通知）の攻略法はこれだ！　*100*
 最短時間で確実に正解するための極意　*103*
 ★TOEIC満点獲得のための語彙力UP大特訓12［例文④］　*104*

［13］form（フォーム・書式）の攻略法はこれだ！　*105*
 最短時間で確実に正解するための極意　*108*
 ★TOEIC満点獲得のための語彙力UP大特訓13［例文⑤］　*110*

［14］instructions（説明書）の攻略法はこれだ！　*111*
 最短時間で確実に正解するための極意　*114*
 ★TOEIC満点獲得のための語彙力UP大特訓14［例文⑥］　*115*

［15］survey result（調査結果）/ analysis report（分析報告）の攻略法はこれだ！　*116*
 最短時間で確実に正解するための極意　*119*

第3章　難問・誤答・正答の正体はこれだ！　*121*

- Part 7 の全体像とは!?　*122*
- Part 7 最近の傾向とは!?　*124*

[1] **TOEIC Part 7 難問のパターンはこれだ！**　*126*

- 「トレジャーハンター」になりきる！　*126*

(1)「宝探し」型　*127*

> コラム　TOEIC Part 7 の正答パターンはこれだ！①
> 一般化＆サマリー型（1）　*137*

(2)「揺さぶり」型　*140*

> コラム　TOEIC Part 7 の正答パターンはこれだ！②
> 一般化＆サマリー型（2）　*144*

(3)「ひっそり」型　*147*

> コラム　TOEIC Part 7 の正答パターンはこれだ！③
> 類語言い換え型　*157*

(4)「2段階」型　*160*

> コラム　TOEIC Part 7 の正答パターンはこれだ！④
> Imply 型　*163*

(5)「両文参照」型（ダブルパッセージ）　*166*

> コラム　TOEIC Part 7 の正答パターンはこれだ！⑤
> 裏返し型　*174*

[2] **TOEIC Part 7 誤答の正体はこれだ！**　*176*

- 誤答の狙いとは!?　*176*
- 敵を知り、華麗に切り抜けよ！　*177*

(1)「記述なし」型　*178*

(2)「おとり」型　*183*

(3)「でたらめな論理」型　*189*

第4章　TOEIC Part 7 語彙 言い換え問題大特訓 195

語彙言い換え問題大特訓① 197
　さらに語彙力アップ！　TOEIC Part 7 言い換えクイズに挑戦① 200
　　コラム　英文読解基礎体力強化語彙編①　多義語に注意！ 203

語彙言い換え問題大特訓② 204
　さらに語彙力アップ！　TOEIC Part 7 言い換えクイズに挑戦② 208
　　コラム　英文読解基礎体力強化語彙編②　数字の英語に注意！ 211

語彙言い換え問題大特訓③ 212
　さらに語彙力アップ！　TOEIC Part 7 言い換えクイズに挑戦③ 216
　　コラム　英文読解基礎体力強化語彙編③　特殊な表現に強くなる 219

語彙言い換え問題大特訓④ 220
　さらに語彙力アップ！　TOEIC Part 7 言い換えクイズに挑戦④ 224
　　コラム　英文読解基礎体力強化語彙編④　意外な意味に強くなる 227

語彙言い換え問題大特訓⑤ 228
　さらに語彙力アップ！　TOEIC Part 7 言い換えクイズに挑戦⑤ 232
　　コラム　英文読解基礎体力強化語彙編⑤　高度な語彙に強くなる 235

語彙言い換え問題大特訓⑥ 236
　さらに語彙力アップ！　TOEIC Part 7 言い換えクイズに挑戦⑥ 240

第5章　TOEIC Part 7 超難問攻略大特訓 *243*

Part 7 超難問攻略大特訓①　article *246*

Part 7 超難問攻略大特訓②　advertisement *252*
　コラム　英文読解基礎体力強化文法編①　文型 *258*

Part 7 超難問攻略大特訓③　notice *259*

Part 7 超難問攻略大特訓④　article *266*
　コラム　英文読解基礎体力強化文法編②　構造に注意！ *273*

Part 7 超難問攻略大特訓⑤　notice *274*

Part 7 超難問攻略大特訓⑥　advertisement *281*
　コラム　英文読解基礎体力強化文法編③　否定＆比較 *287*

Part 7 超難問攻略大特訓⑦　advertisement & letter *288*

Part 7 超難問攻略大特訓⑧　article & book review *297*
　コラム　英文読解基礎体力強化文法編④　省略構文に強くなる *305*

Part 7 超難問攻略大特訓⑨　advertisement & magazine article *306*

カバーデザイン：竹内雄二

第1章

TOEIC Part 7 全問正解の極意とは!?

TOEIC Part 7 全問正解の極意とは!?

　読解テストを英語では reading comprehension test と言いますが、"comprehend" とは、"understand something that is complicated or difficult" の意味です。これはまさに、TOEIC のハイレベルの読解問題の特徴を表しており、細かい情報を探しにくいところから検索したり推論したりすることによって導き出すことを意味しています。つまり、問題のレベルが高ければ高いほど、情報を検索したり行間を読んで推論したりする難度が高くなってきます。

　この本を手に取られた方は、Aランク（860点）突破を目指している方から、900点突破を目指している方、950点突破を目指している方、975点突破を目指している方、990点満点を目指している方まで様々だと思われますが、まずは、860点レベルから990点満点に至るまでのスコア別学習法を、特にリーディングセクションに的を絞って述べていきましょう。

●TOEIC スコア別学習法

現在のレベル	次の段階へのアドバイス
TOEIC975以上	ライフスタイルの変化を伴う、本格的発信力UPを目指した集中訓練
TOEIC950〜970	ストラテジーの完全マスター
TOEIC860〜945	しっかりした文法力＆語法の知識

　Aランクといわれる860点から990点満点までのスコアは、だいたい上の3段階に分けられます。

　現在**860点レベルの方が950点を目指すためには、文法・語法の知識を徹底的に鍛える**必要があります。このレベルの人の特徴は、「**文法・語法の知識がまだ完全に固まっていない**」ことが原因で、例えば Part 5、

第1章　TOEIC Part 7 全問正解の極意とは!?

6の52問でいくつもミスをしてしまったり、解くのが遅いために Part 7 に割く時間が減ったりと、知識のなさが読解スピードを速める際の阻害要因になっていることです。これを克服するために、日頃から Part 5 の問題を解く際には答え合わせだけをして終わるのではなく、1つ1つの問題を全く迷いなく、速く正答できるように、重要文法・語法項目の入った例文を音読しながら繰り返し復習して身につけておく必要があります。

現在**950点**レベルの人が975点レベルに達するためには、もはや英語力だけでなく、問題を解くためのストラテジーをも身につける必要があります。すでに英語の基礎力が固まっていても、出題者が仕掛けたワナにはまり、ぽろぽろと点を落としてしまうのがこのレベルの人の特徴といえます。こうしたワナにはまることなく安定してハイスコアを維持するために、出題者が仕掛けてくる手の内を知り尽くし、本番で華麗にすり抜けるための戦略を体に覚えさせましょう。

最後に、**975点**レベルの方が、まぐれではない990点満点レベルに達するためには、リーディングセクションに1〜2問含まれる超難問も確実に正解できる完璧な知識とストラテジーと、ほとんどが簡単な問題の中、TOEIC の2時間200問を、全く気を緩めることなく駆け抜けられるだけの「**集中力**」も必要になります。また、対策勉強もほとんどが簡単な問題を解いて飽きてくる中やり続けるという「**精神力**」が必要ですし、その時に満点をゲットするまで、単に英文を読んで問題を解くという受信型の学習に終始せず、音読を取り入れた「**発信型の学習**」を無心に続けていくアプローチも必要になります。TOEIC の勉強を通じて発信力を UP させながら、ある日満点がゲットできるようになるというスタンスを取っておきましょう。

●なぜ990点が取れないか

十分な英語の基礎体力があり、英文を読むのが全く苦にならないのに、TOEIC ではいつもあと一歩のところで満点が取れないという人が非常に多いのですが、これは一体なぜなのでしょうか？　実は TOEIC では、**英語の基礎体力だけで突破できるのは900点から950点レベルまで**と心得ておくべきです。なぜなら TOEIC という試験には、純粋に英語力だ

けでは突破できない壁が存在するからです。では、950点の壁を突破して一気に満点へ飛躍するにはどうすればよいのでしょうか。それは、**TOEICという試験が試してくる様々なワナをすり抜けるための戦略を身につけることです**。問題作成者側の意図を知り尽くし、TOEICの「正解が見えてくる」ようになるまで問題・解答パターンを熟知し、ムダのない解答技術を身につけることによって、はじめて満点獲得を実現できるようになります。

●Part 7全問正解の極意

　先ほど述べたことは、Part 7には特に当てはまります。Part 5～Part 7までのリーディングセクション（100問）で495点満点を取るためには、不正解数を1問に抑えなければなりません。最近のTOEICでは、単語集には載らないような、日常的に英文に触れていなければ記憶する機会がほとんどないような語彙を問う問題がPart 5で数問ほど出題されます。仮にこうした問題で1問落とした場合、**リーディングセクションで安定して満点を取るためには、Part 7を全問正解しておく必要があります**。これを達成するためには、単に英語が使えるだけでは不十分であることは想像がつきますでしょうか。

　ここでみなさん、少し本番の試験の様子を振り返ってみましょう。試験開始後、まずは45分間（最近では46分間が多い）のリスニングセクションが始まります。単調で眠気を誘うPart 2、様々な状況の会話や放送をその場で理解して解かねばならないPart 3とPart 4。これらに耐え抜いて、ようやくリーディングセクションが始まります。ここで40もの短文穴埋めをこなし、長文穴埋めを4題乗り越え、**やっとのことでたどり着いたPart 7には、17もの英文（シングル9 passages、ダブル2 passages×4セット）があなたを待っています**。そして、それぞれの英文に、**問題作成者が様々な工夫をほどこした設問48問があなたを試してきます**。

　いかがですか。TOEICがいかにチャレンジングな試験であるかがおわかりいただけたのではないでしょうか。990点満点を目指すみなさんは、まずPart 7にたどり着くまで万全の解答をした上で、Part 7を完璧

に解きこなすわけです。それでは、そのために必要な2つの「資質」をご紹介しましょう。

> ◎Part 7満点突破に不可欠な2大資質
> ①最後まで discourage されない強靭な集中力
> ②出題者の「ワナ」をすり抜ける超効率的な解答力

　①に関しては、普段の学習で大量の英文を一気に読み通す訓練をすることによって養成することができます。いわゆる1000本ノックといわれるトレーニングが必要で、例えば公式問題集のPart 7や市販の英語教材の英文を、途中で休憩を挟まず一気に読み通す訓練を積み重ねる必要があります。その際、**ただ漫然と通読するだけではダメ**で、**可能な限り速く正確に読むことを意識しながら、負荷の高い訓練をしましょう**。
　こうした訓練で受信力を飛躍的にアップさせる一方で、発信力も高める必要があります。読んだことのある教材でかまいませんので、**目に入った英文を間髪置かずに声に出しながら高速で読み通します**。この「速音読」という負荷の高い発信訓練を取り入れることで、発信力を高めながら英文を読み通す集中力も養成できます。このようにして、受信力と発信力を兼ね備えた鉄壁の英語力と強靭な集中力を身につけましょう。
　問題は②の資質をいかに高めるかということです。これを独力で身につけるためには非常に多くの時間を割いて経験を積む必要があります。公式問題集の問題をすべて解き、体に染み込むまで繰り返し取り組めば、TOEICの英文・設問・選択肢のパターンを身につけることができます。さらに、TOEIC公開テストを毎回欠かさず受験することで、常に進化し続けるTOEICの最新傾向を把握することができます。ところが、TOEICの研究を職業にしている人ならともかく、忙しい社会人の方や主婦や学生の方がこれを行うのは、よほどのTOEICオタクでない限り、至難の業といえるでしょう。
　そこで本書では、この②の資質を可能な限り効率良く身につけていただくために非常にユニークかつ大胆な練習メニューを用意しました。TOEICの最新傾向を踏まえ、難問のパターンを徹底分析して作られたこの本をマスターして、試験場で余裕を持って全問正解するための「戦

略」を身につけましょう。

　さてみなさん、いかがでしょうか。Part 7満点突破するためにするべきことが見えてきましたでしょうか。では次からは、さらに具体的なPart 7満点獲得の戦略についてお話ししていきましょう。

●Part 7の出題傾向とは!?

　Part 7では極めて多彩な問題が出題されます。言うなれば、本文中のあらゆる情報が問題の対象になりうるといっても過言ではありません。しかし、Part 7の設問を詳細に分析してみると、「特によく問われるポイント」があることがわかってきました。次の表は、Part 7の設問をパターン別にランキング化したものです。

☆Part 7　設問パターン best 10

1位	理由・目的	19%
2位	言及	16%
3位	推測	12%
4位	否定（NOT型）	12%
5位	人物・企業・組織について	11%
6位	表・リストの読み取り	9%
7位	数値	8%
8位	未来の予定	6%
9位	語彙	6%
10位	要求	5%

※語彙問題は毎回2〜4問出題

　ご覧の通り、Part 7では「理由・目的」が最も問われることがわかりますが、その中でもダントツに問われるのが**文章が書かれた理由・目的**で、これはPart 7全設問中の10%程度を占める定番中の定番の問題

第1章　TOEIC Part 7 全問正解の極意とは!?

です。**目の前の文章の全体像をサッとつかみ、何のための文章なのかを判断させる**ことが、この問題の狙いです。

次によく出題される「**言及**」とは、「本文中で何と言われているか」を問う問題です。本文中のある名詞に関して正しい選択肢を選ばせる問題もあれば、本文全体の内容に照らして正しいものを選ばせる問題も存在します。いずれにせよ、**本文の比較的広い範囲の内容を押さえている必要がある**問題です。

第3位の「**推測**」とは、本文の内容から論理的に考えられる内容を答えさせる問題です。本文を文字通り読むだけではなく、**そこから何が言えるかまでも把握すること**が求められる、比較的高度な問題です。

次の「**否定**」とは、本文中に書かれていない選択肢を答えさせる問題で、「言及」と同様、本文の広い範囲を見て検討する必要がある問題です。

以上の1〜4位の顔ぶれを見てハッキリとわかることは、**Part 7では本文の広い範囲の内容を、素早く正確につかむことを強く要求している**ということです。これは、TOEICがビジネスコミュニケーションの英語力を測定する試験であることを考慮すれば納得できるでしょう。**実際の仕事の現場でも要求される英語力を、Part 7ではまさに試している**のです。

Part 7の問題のこのような特色は、5位以降の顔ぶれを見ることで一層はっきりしてきます。5位の「人物・企業・組織について」の問題では、人物の**肩書き・役職**や、企業・組織の**業界・業種名**が問われます。相手の名前だけではなく、その所属までを本文の情報から正確に把握することが求められます。相手の肩書きや所属をきちんと押さえることは、ビジネスにおける基本的なマナーと言えるでしょう。

さらに、6位の「表・リストの読み取り」では表やリストから的確に必要な情報を抽出することが要求され、7位の「数値」（金額、日付など、数値を答えさせる問題）では、必要な数値情報をきちんとつかむことが要求されています。まさに実務で必要な情報処理能力が問われています。

このように、Part 7ではビジネスの現場でまさに必要とされるような実務的な読解力を試す問題が主に出題されています。**文章の狭い範囲をジーッと読むのではなく、広い範囲を素早く正確に読み、必要な情報をサッと抽出できる！**　…これこそが、TOEICが求める「できるビジネスパーソン」と言えるのです！

●Part 7の難問比率とは!?

　次の表は、Part 7の48問の中で解答に迷う問題の数を、スコア別に表したものです。

TOEIC スコアレベル	Part 7で迷う問題数（48問中）
990	1問　（2%）
980	2問　（4%）
950	5問　（10%）
900	7問　（15%）
860	10問　（20%）
800	14問　（30%）
730	19問　（40%）

　この表によると、950点を所有している人でさえPart 7では5問も迷いながら解答しているのです。これは990点満点を目指す方にとっては非常にまずいことなのです。なぜなら、難問にてこずってしまうことで時間を浪費するだけでなく、気持ちの余裕すらなくなるからです。こうなると、**判断スピードも判断の正確さも悪影響を受け、普段の学習時と比較して1割近く正答率が低下してしまいかねません。**このような状態では990点満点どころか、1段上の980点レベルを狙うことさえとても難しくなるでしょう。

　次に980点の方の場合を見ますと、48問中2問で解答に迷いがあることがわかります。つまり、運良くその2問を正解できた場合はたまたま満点が取れるかもしれませんが、運悪く2問とも落とす場合は970点を下回ることもありうるわけです。つまり、980点レベルを安定して取れるだけの実力があれば、年間8回の公開テストをすべて受験すれば、1回は満点を取れる可能性があります。**このように、980点を取るような人でさ**

え、満点を取ることは非常に不安定なのが実情です。

●Part 7全問正解のための大特訓プログラムとは!?

これから本書で行う大特訓では、Part 7の難問にもびくともしない戦略とメンタルタフネスを確立することを目標として、次のようなメニューを用意しました。

●第2章　頻出15パターン完全攻略！

この章では、Part 7頻出の文章パターンと、読み解く際の戦略を身につけましょう。下の表を見ていただければわかるように、Part 7に出てくる英文の種類は非常に多岐に渡ります。

☆文章形式 best 10

1位	letter	18%
2位	article	12%
3位	advertisement	11%
4位	e-mail	10%
5位	memo	9%
6位	notice	8%
7位	information	6%
8位	announcement	5%
9位	message	4%
10位	form	3%

このうち、1位の letter（手紙）から4位の e-mail までは Part 7の定番中の定番で、1回の試験の中で必ず出題されています。5位以下の文章については、1回の試験で1題も出題されない時もあれば、2題以上出される時もあります。

letter，**e-mail**，**memo**（社内通知），**notice**（通知），**message**（メッセージ）については、実は見た目のレイアウトが互いに若干異なるものの、内容的には際立った違いはありません。ただ、それぞれの文章形式で頻出の内容がありますので、本書ではその代表的なものを取り上げて訓練を行います。
　article（記事）と **advertisement**（広告）に関しては、どうしても外せない頻出のパターンが複数ありますので、本書ではそれぞれのパターンを扱います。
　また、前ページのランキング以外でも **instructions**（説明書）や **survey result**（調査結果）のようにやや特徴的な文章も載せて、Part 7のあらゆる文章形式のパターンに触れられるようになっています。

　さて、第2章ではこのような文章を使って、以下のユニークな訓練を行います。

◎第2章のトレーニングプログラム
①選択肢のない3つの典型的な問題に取り組むことで、各文章パターンの押さえどころを素早く確実につかむ訓練を行う。
②「 最短時間で確実に正解するための極意 」を熟読し、効率の良い視点を学ぶことで、自身の読みを修正し、理想的な速読の方法を体得する。

---

　①では**選択肢に頼った受身の速読を打破**して、自分から文章のポイントをつかみながら読み通す訓練を行います。3つの設問に苦労せずに素早く解答できれば、理想的な読み方ができているといえるでしょう。
　①を終えた後には②の「 最短時間で問題を確実に正解するための極意 」を、**自分が行った読みとの違いを意識しながら熟読**し、効率を極めた視点をぜひ身につけていただきたいと思います。

第1章　TOEIC Part 7 全問正解の極意とは!?

● **第3章　難問・誤答・正答の正体はこれだ！**

　第2章で文章パターンを訓練した後は、設問や選択肢のパターンを学んでいきます。本章ではPart 7の設問の中でも、900点以上の人をも手こずらせる難問に的を絞った上で、次のような訓練を行います。

◎第3章のトレーニングプログラム
　Part 7の難問、正解選択肢、不正解選択肢のパターンを学ぶことで出題者の手の内を熟知し、試験場で惑わされない解答力を養成する。

　有名な話ですが、TOEICの問題作成者にはプロの心理学者も参入し、**少しでも読みが甘い受験者を確実にふるい落とすための「巧妙な」仕掛け**を施した問題を用意しています。そこで、この章ではTOEICの最新の傾向を徹底分析してまとめられた難問のパターンを学習していただき、仮に試験場で困った時でもその場で適切に対処できる解答力の養成を目指します。

● **第4章　語彙言い換え問題大特訓**

　2006年5月に新TOEICテストに移行してからしばらく経った頃に、突然現れたのが「語彙問題」です。この問題では①英検準1級レベルの単語の意味の知識を問うような問題と、②基本的な多義語の本文における意味を文脈から判断して答えさせる問題とがあります。

　前者は知っていれば即座に解けてしまいますが、後者はひねりが利いた問題もあり、**文脈把握力が甘いと選択肢をなかなか消去できず、時間ばかりが経過してしまう**などという事態に陥りかねません。

　そこで第4章では、特に②のタイプの問題に焦点を当てて、以下のような非常に大胆な特訓を行います。

> ◎第4章のトレーニングプログラム
>   まとまった長さの長文中の複数の単語に下線が引いてあり、**長文を速読しながらそれらの単語の意味を答える訓練をすることで**、語彙力・文脈把握力・速読力を一気に伸ばす。

　Part 7全問正解を目指すためには、文中で多義語に出会うたびにいちいち立ち止まっていては話になりません。この非常に負荷の高い語彙特訓をこなして、瞬時に文脈をつかむ判断力を研ぎ澄まし、語彙力だけでなく真の読解力も向上させましょう。

●第5章　超難問攻略大特訓

　第5章ではこれまでの特訓の総仕上げをしていただくために、非常にチャレンジングな特訓問題を用意しました。これまでのインテンシヴなトレーニングの成果を思う存分発揮して取り組みましょう。

> ◎第5章のトレーニングプログラム
> ・シングルパッセージ　6題
> ・ダブルパッセージ　3題
> 　実際のTOEICよりも長い文章と、すべて難問レベルの問題で構成された練習問題に取り組み、ゆるぎない正答力の定着を図る。

　この特訓問題では、文章の長さは実際のTOEICよりも長めに作成されており、**問題も公式テストにおける難問〜超難問レベルのものばかりにしました**。これまでの訓練を終えたみなさんに対する我々からの挑戦を、ぜひ勇気を振り絞って受けていただきたいと思います。

いかがでしょうか。本書のユニークかつ大胆な特訓の内容がつかめましたでしょうか。ぜひ本書で学んだ完璧な戦略と強い精神力で、余裕の満点獲得を果たしてください。それではみなさん、最後まで
Let's enjoy the process!（陽は必ず昇る！）

第2章

TOEIC Part 7 頻出15パターン 完全攻略！

TOEIC Part 7 頻出15パターン完全攻略！

　第2章では、Part 7で繰り返し出題されている頻出読解問題パターンの15の完全攻略法を伝授いたしましょう。この15パターンをマスターすれば、**読解問題を最短時間で解けるようになるので、時間に追われてケアレスミスすることもなくなり、読解問題のスコアもぐーんと UP** するでしょう。それでは早速、この第2章の学習法をご説明致します。

●典型的な文章と典型的な設問の高速演習

　まずは各パターンにおける典型的な文章を読み、3つの設問に答えます。この設問は、各パターンにおいて高頻度で問われる典型的な問題ばかりですが、**選択肢に頼ることなく、本文から正解の決め手となる根拠を素早く見つけ出すトレーニング**を行うため、選択肢は一切つけておりません。設問に続いて、設問の正解の根拠を導く過程を簡潔に述べた〈ポイント〉欄を載せておりますので、みなさんの正答の導き方が正しかったかどうかを確認してください。

●超効率的な着眼点の養成

　本章の目玉である「最短時間で確実に正解するための極意」では、いかに速く、いかに正確に正答するかを徹底的に追究した取り組み方を解説しています。みなさんは問題演習を行った時の**自分自身の解き方を振り返りながら解説を熟読して**、本書の解き方と自分の解き方を比べてみてください。そして自分自身の取り組み方を改善し、得点力をグーンと up していただきたいと思います！

　また、本章には990点満点を目指すみなさんにぜひ学習していただきたい語彙・表現をまとめた大特訓特集を掲載しています。この特集には、ビジネス・メディア・日常生活などにおける高度な重要表現が詰め込ま

第2章　TOEIC Part 7 頻出15パターン完全攻略！

れており、この特集によるボキャビル特訓を終えれば、**リーディングの能力だけでなく、ライティングの表現力も生まれ変わるでしょう！**　ぜひ繰り返し学習してマスターしてください！　それでは、次のページからさっそく演習を開始しましょう。

[1] e-mail (E メール) の攻略法はこれだ！

Date: August 8, 2011
To: Bronde Schmitt, Vice President of Sales
From: George Reonale, Regional Sales Manager
Subject: Schedule extension

Dear Bronde,

I am writing to ask if I could extend my upcoming trip to Europe. As you know, I am going to the office in France to discuss next year's scheme for promotion of our quilt product with our partners there. At first, I was planning to leave on August 25 and return on September 2. However, I have just heard that one of our partners' factories in Japan is having serious problems. Their computers were down and they had to halt most of their production lines. I am not sure how serious these problems are, but I think it would be a good idea for me to go to Kyoto to discuss how to negotiate the situation with the company face to face. However, I can't leave earlier because I will be at our company's booth at The National Textile Festival 2011 on August 23.

I would therefore like to extend my stay in Japan after I visit France. I could leave Paris on September 1 and fly to Kyoto. I would probably have to spend two days there, so I would get back to Washington on September 4. I would like you to let me know if this will be OK as soon as possible.

Thanks,
George

第2章　TOEIC Part 7 頻出15パターン完全攻略！

1. What day will George start his trip?
（Georgeは何日に出張を始めますか）

2. What industry does George's company probably belong to?
（Georgeの会社はどの業界に属していると考えられますか）

3. How many days will George's trip be extended?
（Georgeの出張は何日延長されますか）

〈ポイント〉

1. 第1段落の3文目に、"At first, I was planning to leave on August 25"（当初は8月25日に出発する予定であった）と書いてある。その後の記述を見ても、**この出発日は結局変更されていない点に注意**。よって出発日は8月25日のままである。第1段落最終文にある "The National Textile Festival 2011 on August 23"（8月23日の2011年度National Textile Festival）は海外出張には含まれないので注意すること。

2. 企業の業種を推測するためには、企業が実際に行っている具体的事実を示す表現に注目すればよい。まず第1段落2文目に "our quilt product" とあり、さらに同段落最終文に "The National Textile Festival" にブースを出すと書かれている。従って、繊維業や織物業に属していると考えられる。

3. **暗算程度の簡単な計算**を要する問題。当初の予定は第1段落3文目にあるように、「8月25日出発→9月2日帰国」であった。変更後、出発日は設問1で見たように変更されていない。帰国する日は第2段落3文目に「9月4日」とあるので、延長は2日間。

〈訳〉

Date: 2011年8月8日
To: 販売担当副社長 Bronde Schmitt
From: 地方販売部長 George Reonale
Subject: スケジュールの延長

Bronde 様

　今度のヨーロッパ出張を延長できるかをお尋ねします。ご存知のように、わが社の来年度のキルト製品の販売促進計画について提携会社と打ち合わせするためにフランスオフィスに行くつもりです。当初は、8月25日に出発して9月2日に戻ってくる予定でした。ところが、日本の提携先の工場の1つが深刻な問題を抱えているということをたった今聞きました。コンピュータが故障し、ほとんどの生産ラインを中断せざるを得ない状況になっているそうです。事態がどれほど深刻か正確には把握できていませんが、京都を訪れこの事態をいかに乗り切るかを直接話し合えればと思います。しかし、8月23日に行われる2011年度 National Textile Festival にわが社のブースを出すため、出発を早めることができないのです。

　したがいまして、フランス出張後の日本滞在を延長したいと考えています。9月1日にパリを発って京都に向かえればと思います。おそらく京都で2日間滞在した後、9月4日に Washington に戻ります。これで良いか、できるだけ早めにお知らせください。

よろしくお願いします。
George

最短時間で確実に正解するための極意

1. e-mail では、まず書き手と読み手を明確にせよ！

　e-mail や letter では本文を読み始める前に、必ず書き手と読み手をはっきりさせましょう。書き手と読み手の**人名または肩書き**と、**互いの人間関係**をはっきり押さえます！　読み手に関しては、全従業員（All employees）や関係者各位（To whom it may concern）のように不特定多数の場合もあります。メールアドレスや住所が長々と書かれた文章もありますが、それらは設問に一切関係ないので放っておきましょう。こうした下準備をした上で、**本文中に出てくる**「**I**」や「**you**」**などの代名詞が誰のことなのかをはっきりさせながら読む**ことが、混乱せずに e-mail や letter を速読するための第1歩です。

2.「人物の肩書き」「企業の業種」の情報に敏感であれ！

　肩書きや業種の情報（またはこれらを示唆する情報）は必ず押さえましょう。TOEIC では**問題の選択肢に登場人物の肩書きや企業の業種が並ぶことが多い**ので、問題に解答するための重要情報といえるのです。また、これらの情報は「**人物の仕事内容**」や「**企業の事業内容**」**などの具体的な情報から推測する**ことが求められることが多いことを知っておきましょう。設問2は、"our quilt product" や "The National Textile Festival" という具体的な事業内容を示す表現から業種を推測する問題でした。肩書き・業種は**常につかまえに行くつもりで読み**、読み終えると同時に把握できていることが理想です！

3.「時間の前後関係」を必ずキャッチせよ！

　本文のような「**出張やツアー旅行の日程**」に関する文章では、日程の変更の話題が頻出です。多くの日付・時間・地名の情報が出てきますが、ここで混乱していては990点は不可能です。**1本の時間の数直線上に、1つ1つの情報を位置づけるつもりで把握**しましょう。これをうやむやにす

ると、後で問題を解く時に大幅に時間を浪費しますよ！

8/23	8/25		9/1		9/4
フェスティバル	Franceへ 出発	→	Kyotoへ	→	Washingtonへ 帰国

　設問3では、出発日は変わらず、帰国する日だけが延長されたことを押さえた上で計算します。TOEICではこのように、**暗算程度の計算を要求されることもあります**ので注意しておきましょう。

　それでは、次にTOEIC満点を獲得するためのビジネス関連の語彙表現①を挙げておきますので、知らないものがあれば覚えておきましょう。

TOEIC 満点獲得のための語彙力 UP 大特訓1 [ビジネス編①]

- [ ] **shipping order** 発送注文［伝票］（「発送手段」は ship mode）
- [ ] **inventory goods** 在庫品（「商品の在庫状況」は product availability）
- [ ] **sought-after item** 人気商品（「現地販売」は on-site sale）
- [ ] **overstocked inventory** 過剰在庫の商品
- [ ] **customer PO [= purchase order]** 顧客注文書
- [ ] **billing address** 請求先住所（「支払い方法」は payment type）
- [ ] **credit card authorization** クレジットカード支払いの承認
- [ ] **handling charge / commission fee** 手数料
- [ ] **invoice form** 送り状用紙（「梱包表」は packing list）
- [ ] **ship via: ground to residential address** トラック便で住宅地へ配送
- [ ] **return & exchange** 返品と交換（「交換［代替］品」は replacement）
- [ ] **return merchandise authorization** 商品返品の承認
- [ ] **unit price** 単価（「基準価格」は benchmark price）
- [ ] **pricing policy** 価格設定方針
- [ ] **product preview** 新製品情報
- [ ] **flagship product** 主力製品（「メーカー仕様」は vendor specification）
- [ ] **patent-pending product** 特許出願中の製品
- [ ] **packaging product** 包装製品
- [ ] **marketing authorization** 販売承認
- [ ] **preproduction prototype** 試作品（「不良品」は defective product）
- [ ] **product recall** 製品の回収
- [ ] **tariff commodities** 関税商品
- [ ] **ABA** 銀行コード（「銀行支店コード」は routing number）
- [ ] **autopay** 自動引き落とし（「現金引き落とし」は withdrawal）
- [ ] **wire transfer deposit** 振り込み金額
- [ ] **wire transfer fee** 電信送金手数料

- ☐ **transaction reference number** 取引参照番号
- ☐ **balance inquiry** 残高照会（「前回使用分の料金」は previous balance）
- ☐ **monthly base charge** 月毎の利用明細
- ☐ **payment received** 前回の領収日
- ☐ **airtime** 携帯電話の使用時間
- ☐ **expense reimbursement** 費用の払い戻し
- ☐ **preliminary contract** 仮契約（「契約期間」は length of contract）
- ☐ **endorsement [implementation] of a contract** 契約の裏書き［履行］
- ☐ **finalization of the contract** 契約をまとめること
- ☐ **binding [renewed] contract** 拘束力のある［更新された］契約
- ☐ **terms and conditions** 取引条件（「修正申し込み」はcounter offer）
- ☐ **service quote** 見積書（「業務提供期間」は service terms）
- ☐ **ad hoc meeting** 臨時会議
- ☐ **unanimous approval** 全員一致の承認
- ☐ **flipchart** （プレゼンで模造紙に書いて表示する）イーゼルパッド
- ☐ **pie chart** 円グラフ、分円図（「棒グラフ」は bar chart）
- ☐ **column** 縦列（「横列」は row、「実線」は solid line）
- ☐ **exhibition booth** 展示ブース
- ☐ **mural** （ブースを仕切る）ディスプレイ
- ☐ **floor plan** （会場の）見取図（「参加者」は attendee）
- ☐ **company brochure** 会社のパンフレット
- ☐ **business prospectus** 事業紹介
- ☐ **TDD [= telecommunications device for the deaf]** ろう者用通信機器
- ☐ **feasibility study** 市場導入の可能性調査
- ☐ **focus group** （市場調査でインタビューするために集めた）フォーカスグループ
- ☐ **questionnaire form** 質問用紙
- ☐ **preliminary research** 予備調査（「一次調査」はprimary (research)）

[2] letter（手紙）の攻略法はこれだ！

Dear Mr. Long,

I wish to apply for the position of Assistant Coach as advertised in The Maycomb Daily Newspaper on 19 June 2011. My knowledge, skills and experience make me the perfect candidate for this role.

I am currently working full time as assistant store manager for a bicycle store but my ultimate dream is to be able to coach triathlon on a full-time basis. I participate competitively in the sport of triathlon on a regular basis and have extensive experience training and coaching young people in a variety of sports as a part-time activity.

My recent completion of the Diploma of Sport at Queensberry TAFE has fully equipped me with all the necessary skills and knowledge, including management, teaching techniques, and training programs. Equally beneficial for the role is my working experience as a part-time swim coach and a camp counselor in America – both of these jobs involved working with children in a leadership role.

I am enthusiastic, reliable, organised and hardworking. My motivation, great sense of humour and positive nature enable me to relate to people of all fitness levels and ages, and I can also prove to be a great role model for young triathletes.

I have enclosed my résumé, including race results for 2010, for your perusal. If you need any further information, please feel free to contact me or go to my website – www.tomsmith.com.au. I look forward to meeting you and discussing this further.

Yours sincerely,

Tom Smith
Tom Smith

1. Why did Tom apply for the job?
（Tom はなぜこの仕事に応募したのですか）

2. Why did Tom refer to his experience in America?
（Tom がアメリカでの経験に言及したのはなぜですか）

3. What did Tom send with his letter?
（Tom はレターと一緒に何を送付しましたか）

〈ポイント〉

1. **志望動機は文章のはじめのほうで述べられる**。第2段落1文目に "**my ultimate dream is** to be able to coach triathlon on a full-time basis"（私の最終の夢は、常勤のトライアスロンのコーチになることです）とあるので、これが志望動機である。

2. まずはアメリカでの経験について書かれている部分を検索する。第3段落2文目の "in America" に注目し、ここに書かれている "a part-time swim coach"（水泳コーチのアルバイト）と "a camp counselor"（キャンプ指導員）がアメリカでの経験を指すことがわかる。この経験について、直後の – （ダッシュ）以降で "both of these jobs involved working with children in a leadership role"（どちらも子どもたちにリーダーシップを取って接する仕事である）とあるので、「リーダーシップを発揮した経験」などをアピールする意図があったことが伺える。

3. **添付書類は本文の終盤に注目**。第5段落に、"**I have enclosed** my résumé, including race results for 2010"（2010年のレース結果も含めた履歴書を同封しました）とある。

第2章　TOEIC Part 7 頻出15パターン完全攻略！　37

〈訳〉

Long 様

　私は2011年6月19日付の Maycomb Daily Newspaper に掲載されていた御社のアシスタントコーチの職に応募したいと思います。私の知識、技能そして経験はこの職で十二分に発揮することができます。

　私は現在自転車店の常勤の副店長として勤務しておりますが、私の最終の夢は、常勤のトライアスロンのコーチになることです。私は定期的にトライアスロンの競技会に参加したり、アルバイトとして、様々なスポーツで若者を訓練したり指導したりする経験が豊富です。

　最近 Queensberry TAFE のスポーツ学科を修了しましたので、経営、指導技術、トレーニング計画などの必要な技能や知識をすべて習得しています。アメリカでの水泳コーチのアルバイトや、キャンプ指導員として働いた経験も役立つと思います。どちらも子どもたちにリーダーシップを取って接する仕事です。

　私は熱意もあり信頼もされ、几帳面で勤勉です。私はやる気、ユーモアのセンス、積極的な性格を備えており、どんな運動レベルや年齢の方にも応対できますし、若いトライアスロン選手の良いお手本となることもできます。

　2010年度のレース結果も含めた履歴書を同封いたしますのでご高覧ください。詳細は直接私にご連絡いただくか、私のホームページ（www.tomsmith.com.au）をご覧ください。お会いしてもっと詳しいお話ができるのを楽しみにしています。

よろしくお願いします。
Tom Smith

最短時間で確実に正解するための極意

1. letter もやはり書き手と受け手の把握から！

　手紙文でも e-mail と同様に、本文に入る前に書き手と読み手をつかまえましょう！　今回は「I = Tom（志願者）」、「you = Long 氏（志願先の企業の人）」です。letter は e-mail と比べて①内容的に堅い（契約書や通知書など）、②本文が長いなどの傾向があります。e-mail の項で紹介した視点と合わせて、戦略的に読みましょう！

2.「志願書」の3つの視点！

　人材募集に対して応募する志願書は、Part 7頻出です。文章の構成パターンはほぼ決まっていますので、特に狙われる視点を集中攻撃しながら、効率良く速読しましょう！

①志望動機！
　文章の序盤〜前半部分で述べられます。本文では第2段落1文目に「フルタイムでトライアスロンのコーチをしたい」と明記されています。

②修飾語句は無視！「 事実 →それを通して得た 経験 」に注目!!
　TOEIC に出る志願書では、自分をよく見せるための華美な修飾表現が非常に多く出てきます。しかし、そんな表現を相手にするのは時間のムダ！　大切なのは「どこで何かをどれくらいしたという 事実 」と、「それを通して得た 経験 」です。「経験」は "Why did X refer to the experience in 〜?"（X はなぜ〜での経験に言及したのですか）のような問題で問われます。例題の第2段落では「 事実 現在、自転車店の常勤の副店長」と「 事実 定期的なトライアスロン競技の参加」と「 事実 パートタイムでの若者のスポーツ指導」。第3段落では「 事実 Queensberry TAFE で学位取得→ 経験 十分な技術と知識」、「 事実 アメリカで水泳コーチとキャンプ指導員→ 経験 子ども相手のリーダーシップ」。第4段落は修飾表現で必死に自分を売り込んでいるだけなので、軽く通り過ぎま

第2章 TOEIC Part 7 頻出15パターン完全攻略！

しょう。

③末尾では「添付書類」と「連絡法」！

　本文末尾では、志願書に何を同封したか（より詳しい経歴や推薦状など）と、書き手への連絡方法（電話、e-mail など）の2点がよく問われます。

　それでは、次に TOEIC 満点を獲得するためのビジネス関連の語彙表現②を挙げておきますので、知らないものがあれば覚えておきましょう。

TOEIC 満点獲得のための語彙力 UP 大特訓2 [ビジネス編②]

- [ ] **industry consortium** 産業共同体
- [ ] **government subcontractor** 政府の下請け
- [ ] **private undertaking** 民間事業
- [ ] **foreign capital [foreign-affiliated] company** 外資系企業
- [ ] **affiliation** 提携企業(「関連会社」は associate company)
- [ ] **subsidiary company** 子会社
- [ ] **business proprietor** 事業主
- [ ] **consolidation of corporations** 会社の合併
- [ ] **merger agreement** 合併の合意
- [ ] **company liquidation** 会社整理(「余剰人員」は worker redundancy)
- [ ] **bankruptcy petition** 破産申請
- [ ] **gross asset** 総資産(「資産蓄積」は asset accumulation)
- [ ] **capital outlays** 資本支出
- [ ] **budget allocation** 予算割り当て(「予算配分」は budget distribution)
- [ ] **budget constraint** 予算制約
- [ ] **operating expense** 運営費[経営費]
- [ ] **corporate overheads** 会社の諸経費
- [ ] **miscellaneous expense** 雑費、諸経費
- [ ] **fraudulent bookkeeping** 粉飾経理
- [ ] **fund embezzlement** 資金横領
- [ ] **lucrative business** もうかる事業
- [ ] **shutdown of the plant** 工場閉鎖
- [ ] **sales revenue** 総売上高、売上収益(「売上高」は proceeds of sale)
- [ ] **net sales** 純売上高(「純利益」は net profit)
- [ ] **business stagnation** 景気停滞
- [ ] **accumulated debt** 累積債務(「債務免除」は debt waiver)

- [ ] **incurred loss** 被った損失
- [ ] **default in payment** 支払いの不履行
- [ ] **deferred payment** 延べ払い
- [ ] **insolvent company** 破産した会社
- [ ] **land speculation** 土地投機
- [ ] **Internet start-up** インターネットの新興企業
- [ ] **fledgling company** 新参企業
- [ ] **telemarketing company** テレマーケティング会社：電話による勧誘販売会社
- [ ] **catering company** 料理の配達会社
- [ ] **brokerage firm** 証券会社（「株取引」は stock trading）
- [ ] **institutional investor** 機関投資家
- [ ] **mortgage collateral** 不動産担保
- [ ] **periodic overhaul** 定期検査（「組み立てライン」は assembly line）
- [ ] **outgoing inspection** 出荷検査（「製品成分」は product ingredient）
- [ ] **logistics management** 物流管理（「追跡調査」は follow-up study）
- [ ] **sales quota** 販売ノルマ（「商品販売」は merchandise sale）
- [ ] **steady clientele** 固定客
- [ ] **customer privilege** 顧客特典（「顧客割引」は patronage discount）
- [ ] **sales rebate** （多額［多量］の取引先に行う）売上割り戻し、リベート
- [ ] **market quotation** 市場相場（「市場の飽和状態」は market saturation）
- [ ] **wholesale firm** 卸売会社
- [ ] **commercial supplier** 業務用供給会社
- [ ] **online retailer** オンライン小売業者

[3] message(伝言、メッセージ)の攻略法はこれだ！

Dear Ellen,

I hope things are going well. I am in Washington and attending the Annual Management Conference till October 2. The attendees are all well motivated and energetic, and I have learned a lot here.

I have read the proposal you e-mailed me two days ago on what to do in the upcoming company function. Though a few of the things are a little too unrealistic to do, I found the remaining really good. Of all of them, the baseball match with the management is very interesting, for it will be a good opportunity for most of the employees to communicate with the management in person. On the other hand, our limited budget won't allow us to invite a movie celebrity.

To accommodate and realize your plan, I am thinking of choosing a different venue from where we held the last year's company function. A facility with a large outdoor playground would be ideal. I'd like to have a talk with you about your proposal after I come back.

I'm looking forward to meeting you soon.

Natasha

第2章　TOEIC Part 7 頻出15パターン完全攻略！

1. What is the main purpose of the message?
　（このメッセージの主な目的は何ですか）

2. What point does Natasha NOT consider a good idea?
　（Natasha が良い考えであると思っていない点は何ですか）
　　　　　　　　　　　　　　　　　　　　　※具体的に答えなさい

3. Why is Natasha thinking of changing the venue?
　（Natasha はなぜ開催地を変更しようと考えているのですか）

〈ポイント〉

1. 第1段落に書かれている Natasha の現状報告はこの段落で終わっており、**第2段落以降とのつながりが全くないため、この文章の目的であるとは言えない**。第2段落以降は Ellen の提案に関する話題が続いているので、この文章の目的は「Ellen の提案について言及するため」などが妥当である。

2. 第2段落2文目に "a few of the things are **a little too unrealistic to do**"（ほんのいくつかは実行するには少々現実的ではない）とある。この **"a few of the things"** を具体的に言い換えたのが、同段落最後の "our limited budget won't allow us to invite a movie celebrity"（私たちの限られた予算では映画俳優を呼ぶことはできない）であるので、Natasha はこの「俳優を招待する」という点については良い評価を与えていないと判断できる。

3. 開催地の変更に関する記述は第3段落1文目にある。この文の冒頭に "To accommodate and realize your plan,"（あなたの企画を実行に移すために）とある。さらに、開催地の変更理由については同段落2文目に "A facility with a large outdoor playground would be ideal."（広い野外運動場がある施設が望ましい）とある。以上より、「Ellen の提案を実現するためには、広い野外運動場がある施設が望ましいから」と考えられる。

〈訳〉

Ellen 様

　万事順調のことと思います。私はWashingtonに滞在し、10月2日まで年次経営者会議に出席しています。出席者のみなさんはとても意欲的で精力的な方ばかりで、実りの多いものとなっています。

　2日前にあなたがEメールで送ってくれた今回の社内イベントについての提案を拝見しました。やや実現が困難だと思われるものもありますが、それ以外は本当に素晴らしいものだと思いました。とりわけ、経営者との野球の試合はとても興味深いものです。多くの従業員にとって経営者と直接お話しできる良い機会になるでしょう。一方で、映画俳優を招く案は限られた予算の関係で実現できそうにありません。

　あなたの企画を実行に移すために、去年使った会場とは別の場所を検討しています。大きな野外運動場のある施設が理想的でしょう。私がそちらに戻ったら、一度お話しする機会を持ちたいと思います。

　すぐにお会いできるのを楽しみにしています。

Natasha

第2章　TOEIC Part 7 頻出15パターン完全攻略！

最短時間で確実に正解するための極意

1. e-mail や letter と同じ攻め方で行け！

　message の文章は、Part 7 の前半でよく登場する書式です。内容的には e-mail や letter と大して変わりませんが、会社の仲間に宛てた短くくだけた感じの文章が多いのが特徴です。まずは letter や e-mail と同様、書き手と読み手との人物関係をハッキリさせてから、本文速読スタートです。肩書き、業種への感度も研ぎ澄ませましょう！

2. 文章の目的は「文中の優勢内容」をつかまえろ！

　設問1のような「文章が書かれた目的」を問う問題がよく出題されますが、**文章の冒頭部分だけを読んで答えを決定してしまうのは危険です**。確かに多くの場合、本文の出だしや第1段落の内容が正解になるのですが、難易度の高い問題では、冒頭や第1段落が本論の前の単なる前置きに過ぎず、第2段落以降から本論が始まる場合も出てきます。このタイプの問題を確実に解くためには、**本文の大半を占める話題は何かを意識して読み、全体に目を通し終えてから解答する**ようにしましょう！
　例題では、

- 第1段落：書き手の現状
- 第2段落＋第3段落：Ellen の社内イベントに関する提案について

となっています。従って、**2つの段落にまたがる「Ellen の社内イベントに関する提案について」が本文の「優勢内容」であると判断**し、これについて書くことがこの文章の目的と判断します。視野を広くもち、本文の大半を占める話題は何かを意識して解答しましょう！

3. review はひそかな「マイナス評価」に注目！

　映画、本、店、品物、意見に対する review（評価）が Part 7 では頻出です。まれに一貫して否定的な内容を書き連ねて「見ない・買わない

ほうがよい」とする内容もありますが、大半は好意的な内容です。例題でも Ellen の提案に対して概ね好意的ですが、**TOEIC では好意的な意見に潜む「マイナス評価」にこそ注目です**。設問2では第2段落2文目で「やや現実的でない部分もある」と述べ、第2段落の最後で具体的に「映画俳優は呼べないだろう」と、Ellen の提案の一部を否定しています。このような「マイナス評価」の部分こそ、問題で問われることを知っておきましょう！

　それでは、次に TOEIC 満点を獲得するためのビジネス関連の語彙表現③を挙げておきますので、知らないものがあれば覚えておきましょう。

TOEIC 満点獲得のための語彙力 UP 大特訓3 [ビジネス編③]

- [ ] **administrative ability** 管理能力
- [ ] **corporate auditor** 監査役
- [ ] **in-house inquiry** 内部調査
- [ ] **successor of the president** 社長の後任
- [ ] **outgoing president** 退職する社長
- [ ] **liaison section** 渉外課
- [ ] **service representative** 営業担当者
- [ ] **accounting department** 経理部
- [ ] **payroll office** 給与支払い事務所
- [ ] **company directory** 社員名簿
- [ ] **personnel [human] resources** 人材
- [ ] **security pass** セキュリティーカード(「入館許可証」は visitor pass)
- [ ] **job applicant** 求職者
- [ ] **job specification** 職務明細書
- [ ] **job relocation** 転勤(「仕事の割り当て」は job assignment)
- [ ] **professional qualification** 職業資格
- [ ] **hiring freeze** 採用停止
- [ ] **job vacancy** 求人、仕事の空き
- [ ] **mentoring program** 新入社員指導プログラム
- [ ] **security desk** 警備デスク
- [ ] **photo identification** 写真つきの身分証明書
- [ ] **hands-on training** 実地訓練
- [ ] **internship program** インターンシップ [実務研修] 制度
- [ ] **top-notch service** 一流のサービス
- [ ] **certified inspector** 資格を持った検査官
- [ ] **artisan skill** 職人技術(「技術的専門知識」は technical expertise)
- [ ] **occupational training** 職業訓練
- [ ] **predecessor task** 前任者の仕事

- ☐ **power delegation** 権限委譲
- ☐ **employee morale** 従業員のやる気
- ☐ **clerical oversight** 事務的なミス
- ☐ **annual yield [remuneration]** 年収
- ☐ **monthly paycheck** 月給
- ☐ **withholding taxation** 源泉課税
- ☐ **corporate pension** 企業年金
- ☐ **pension beneficiary** 年金受給者
- ☐ **executive perks** 役員の特典
- ☐ **supervision allowance** 管理者手当
- ☐ **inauguration ceremony** 就任式
- ☐ **milestone anniversary** 会社の節目となる記念日
- ☐ **keynote speaker** 基調演説［講演］者
- ☐ **recipient of a prize** 受賞者
- ☐ **merit system** 能力主義（「年功序列制度」は seniority system）
- ☐ **travel itinerary** 出張日程（「宿泊費」は lodging expense）
- ☐ **outreach activity** 奉仕活動
- ☐ **maternity leave** 産休
- ☐ **bulletin board** 掲示板
- ☐ **file cabinet** 書類棚
- ☐ **conference agenda** 会議の議題
- ☐ **attached handout** 付属配布資料
- ☐ **scratch pad** メモ帳
- ☐ **stapler** ホッチキス
- ☐ **moderator** 司会、進行役（「交流会」は mixer）
- ☐ **public welcome at no charge** 一般参加歓迎・無料

[4] advertisement(広告)①求人の攻略法はこれだ!

TOWN OF BERLITCH
DEPARTMENT OF PUBLIC WORKS
FULL-TIME MECHANIC

The Town of Berlitch is seeking applications for the full-time position of Mechanic in the Public Works Department. Responsibilities include the maintenance and mechanical repairs of heavy and light vehicles and motorized equipment, including the School Department bus fleet. The application period will remain open until the position is filled.

Successful candidates must possess a high school diploma and at least 3-year experience in the operation of standard automotive equipment heavier than passenger vehicles or any equivalent combination of experience and training. A Class B Commercial Driver's License is required. Those who are available for nights, weekend, and holiday work will be preferred. Adequate communication skills will be a big advantage.

Please send a cover letter along with a completed Department of Public Works application form to:

  Bob Burns
  Public Works Director
  35 South Street, Suite 2
  Berlitch

The application form as well as more information is available on our website: http://www.dimberlitch-recruit.org

1. According to the advertisement, what qualifications are NOT listed as prerequisite conditions?
（広告によると、必須条件として挙げられていない資質は何ですか）

2. How can candidates get the application form?
（志願者はどうやって応募用紙を入手できますか）

3. By when are the candidates supposed to apply for the job?
（志願者はいつまでに応募することになっていますか）

〈ポイント〉

1. 応募資格のうち、**必要な資格と、持っていると好ましいが必要ではない資格を分けることを要求する**超定番問題。応募資格は**本文の中盤**で述べられる。第2段落の後半の2つの文に "be preferred"（好ましい）、"be a big advantage"（大いに有利である）と書かれているが、**これらは「好ましいが必要ではない資格」に言及する際の決まり文句**。ここで述べられている "those who are available for nights, weekend, and holiday work"（夜、週末、休日に勤務できる人）と、"adequate communication skills"（十分なコミュニケーション能力）が答えである。

2. **応募方法**は**本文の末尾**で述べられる。本文最終文で "The application form as well as more information is available on our website"（応募用紙と詳細は当社のウェブサイトで入手できます）と書かれている。

3. **応募の締切日**に関する問題。募集期間は本文末尾に書かれることが多いが、たまに本文の序盤で述べられる場合もあるので注意。第1段落の最後に "The application period will remain open until the position is filled."（定員に達するまで応募期間は続いています）とあるので、**特に締切日は設定されておらず、定員に達するまでに応募するべきであることがわかる**。

〈訳〉

Berlitch 町
公共事業部
常勤整備士募集中

　Berlitch 町は公共事業部の常勤整備士を募集しています。職務は、学校用バス車両などの大型・小型車両や電動装置などのメンテナンスと機械修理です。候補者が見つかるまで、お申し込みを受け付けます。

　採用者は高校卒業資格と、乗用車より大型の標準車両に携わった経験を最低3年間持つか、それと同等の実務経験を持ち、訓練を受けた方です。Bクラスの営業用自動車免許は必須です。夜勤や週末・休日勤務できる方が望ましいです。十分なコミュニケーション能力があれば大いに優遇します。

公共事業部応募用紙とカバーレターを以下にお送りください。

　　　　　　Bob Burns
　　　　　　Public Works Director
　　　　　　35 South Street, Suite 2
　　　　　　Berlitch

応募用紙と詳細は当社のウェブサイトで入手できます。
http://www.dimberlitch-recruit.org

最短時間で確実に正解するための極意

1. 求人広告は「職の説明」→「応募資格」→「応募方法」！

　advertisement で最も出題されやすい内容は、実は求人広告です。求人広告は大きく3つの部分で構成されています。まずは見出しと冒頭から求人広告であることを押さえましょう。それに続く部分で、「どのような職種を募集しているのか」を具体的につかみます。例題では "Responsibilities include ..."（職責には…が含まれます）という書き出しを見た瞬間に、職種の説明が来ることを予期します。また以下で述べるように、**求人広告で毎回必ずと言ってよいほど問われる定番のポイント**を熟知し、効率良く得点に結びつけましょう！

2. 応募資格は「必須条件」と「好ましい条件」をはっきり区別！

　職務内容の説明が終わると、**その次には必ず応募資格が挙げられます**。応募資格は求人広告問題では絶対に狙われる、定番中の定番事項です。ここで TOEIC が問題にするのは、「絶対に 必要な条件 」と、「持つのが 好ましい条件 」の区別です。次の表現に注目して区別しましょう！

- [必須条件] **Successful candidates must V**「合格する候補者は、V しなければならない」、○○ **is required**「○○が要求される」、○○ **is a must**「○○は必須です」
- [好ましい（＝必ずしも必要ではない）条件] ○○ **is preferred / preferable**「○○が好ましい」、○○ **is a bonus / an advantage**「○○は有利な点だ」

3. 応募方法は本文末尾に注目！

　求人広告の締めくくりは、応募方法の説明です。次の3点を押さえましょう。

①**応募書類**…résumé, CV（履歴書）
　　　　　　→**添付書類**（attached document）**があればチェック！**
　　　　　　cover letter（カバーレター）
　　　　　　application form（応募用紙）→**入手方法も注意！**
　　　　　　reference（推薦状）→これは**枚数**も押さえる！
②**送付手段**…by mail（郵送で）、by e-mail、online（オンラインで）
③**募集期間**…募集開始日と締切日　→序盤で言われる場合もある！

　それでは、次に TOEIC 満点を獲得するための郵便・通信・メディア関連の語彙表現を挙げておきますので、知らないものがあれば覚えておきましょう。

TOEIC 満点獲得のための語彙力 UP 大特訓4 [郵便・通信・メディア編]

- **recipient's address** 受取人の住所
- **return address** 差出人住所(「転送先住所」は forwarding address)
- **registered mail** 書留便(「書留郵便物受領通知」は return receipt)
- **certified mail** 配達証明付郵便
- **restricted delivery** 受取人指定郵便
- **general delivery** 局留め郵便(「私書箱」は post office box)
- **certified mail** 受取証明付郵便
- **change-of-address card** 転居案内状
- **metered mail / bulk rate** 料金別納郵便
- **postpaid** 郵便料金支払い済みの
- **postage stamp** 郵便切手(「消印」は postmark)
- **special delivery / express mail** 速達(「優先扱い郵便」は priority mail)
- **reply-paid postcard** 往復はがき
- **self-addressed envelope** 返信用封筒
- **autograph letter** 直筆の手紙、親書
- **cover letter** 添え状(「見舞い状」は get-well card)
- **money order** 郵便為替(「同封の小切手」は enclosed check)
- **surface mail** 陸上 [海上] 便(「航空便」は airmail)
- **pickup service** 集荷サービス
- **13-ounce rule** [米] 13オンス・ルール:郵便ポストへの投函は364グラム以上は禁止)
- **tracking number** (荷物の) 問い合わせ番号
- **bubble wrap** プチプチ包装紙(「(荷物が) 壊れやすい」は fragile)
- **padded envelope** クッション封筒
- **How may I direct your call?** どちらにおつなぎしますか?
- **have a bad reception** 電波の受信が悪い
- **notary service** 公証サービス

第2章　TOEIC Part 7 頻出15パターン完全攻略！

- [ ] **forward the payment to the recipient** 受取人宛てにお金を送る
- [ ] **The payee will receive the payment in the local currency.** 受取人は現地通貨でお金を受け取ります
- [ ] **ATTN [= attention]** 〜宛て（「親展」は CONFIDENTIAL）
- [ ] **CC [= carbon copy]** 受信者以外の送付先（「件名」は RE）
- [ ] **telephone subscriber** 電話加入者
- [ ] **directory assistance** 電話番号案内
- [ ] **local call** 市内通話（「市外通話」は out-of-city call）
- [ ] **area code / long-distance number** 市外局番
- [ ] **person-to-person call** 指名通話（「番号通話の電話」は station-to-station call）
- [ ] **pilot number** （電話の）代表番号
- [ ] **land phone** 固定電話
- [ ] **caller ID** 発信者番号通知サービス
- [ ] **yellow pages** 職業別電話帳（「個人名別電話帳」は white pages）
- [ ] **incoming call** 外線（「社内電話」は intercom）
- [ ] **advertising leaflet [billboard]** 広告ビラ［掲示板］
- [ ] **circulation figure** 発行部数
- [ ] **insertion** 広告掲載（「広告案内」は media kit）
- [ ] **print ad** 印刷広告（「画像」は artwork、「小見出し」は subhead）
- [ ] **penetration rate of the Internet** インターネットの普及率
- [ ] **FAQ [= frequently asked questions]** よくある質問
- [ ] **SEO [= search engine optimization]** サーチエンジン最適化
- [ ] **nationally syndicated news program** 全国配信のニュース番組
- [ ] **traffic update** 最新交通情報（「最新ニュース」は news update）
- [ ] **periodical subscription** 定期刊行物
- [ ] **quarterly journal** 季刊誌（「隔週刊の雑誌」は biweekly magazine）
- [ ] **classified document** 機密文書（「匿名の手紙」は anonymous letter）

[5] advertisement(広告)②宣伝の攻略法はこれだ！

Welcome to Mellow Gardening!

Dedicated to providing habitual backyard gardeners and indoor plant enthusiasts with the very best in environmentally responsible gardening supplies for spring, summer, fall and winter, Mellow Gardening is your online store where you can buy thousands of products for gardening 365 days a year.

You'll find useful, practical information, as well as such helpful, handy materials as organic fertilizers and soil conditioners, plant pest and disease controls, greenhouse and indoor plant grow lights, nursery pots and containers, a variety of discounted seeds by seed companies all over the country, and other fun gardening toys.

☆**WEEKLY SPECIAL**☆ – Buy now and save 50%!
As a token of our gratitude to your long-time patronage, we offer special discounts on selected items. This week's special is:

    Samellin Compact Hose Reel（30m）
    – can be used free-standing or wall-mounted
    – supplied with high quality hose and all necessary accessories

    $49.32 → $28.34　Save 57%!!!
      *Only 25 items available. One per customer.
      *No cancellations or no returns are permitted.

We invite you to visit our website and fill in the form to receive our monthly newsletter featuring informative articles, new product reviews and special sales.

第2章　TOEIC Part 7 頻出15パターン完全攻略！

1. What kind of business is being advertised?
（どのような業種が宣伝されていますか）

2. How many people can buy the Samellin Compact Hose Reel?
（Samellin 社製の小型ホース巻き取りを購入できるのは何人ですか）

3. What can be done on the Mellow Gardening's website?
（Mellow Gardening のウェブサイト上では何ができますか）

〈ポイント〉

1. ヘッドラインや本文冒頭部から、ガーデニング用品を扱っていることはわかるが、第1段落の後半に "Mellow Gardening is your online store"（Mellow Gardening はあなたのためのオンラインストアです）とあるので、Mellow Gardening はガーデング用品のオンラインストアであることまで把握することが望ましい。

2. 広告中央部の "WEEKLY SPECIAL"（週代わりの特別セール）の最後にある*印の欄に、"Only 25 items available. One per customer."（25個限定、1人1個まで）と書かれているので、購入できるのは25人である。なお、*や [**NOTES**] のような「**但し書き**」**部分は問題で問われる頻度が高い**ことも知っておくべきである。

3. 本文最終部で "We invite you to visit our website and fill in the form to receive our monthly newsletter"（どうか当社のウェブサイトに来て、月刊ニュースレターを受け取るためのフォームに記入してください）とあるので、ウェブサイト上では月刊ニュースレターの購読申し込みができる。

〈訳〉

Mellow Gardening にようこそ！

Mellow Gardening は、家庭園芸家や屋内植物愛好家のために四季折々の環境にやさしい最高の商品を提供している、あなたのためのオンラインストアです。1年365日、多様なガーデニング用品を購入できます。

有機肥料、土壌改良剤、植物病害防止剤、温室・屋内照明灯、植木鉢や容器、世界中から取り寄せたディスカウント販売の様々な種、楽しい園芸用品などの役立つ商品はもちろんのこと、役立つ有用な情報も手に入れることができます。

☆今週の注目商品☆ ─ 今買えば5割引！

日頃のご愛顧に感謝して、厳選された商品を特別割引でご提供します。今週の特価品は以下のようになります。

Samellin 社製の小型ホース巻き取り（30m）
- －独立式または壁掛け式で使用可能
- －高品質なホースと必要な付属品つき

$49.32 → $28.34　57％お得です!!!
- ＊限定25個・お1人様お1つ限りとなります。
- ＊キャンセルや返金には応じかねます。

情報豊富な記事、新商品の評判、特売に関する情報などが載った月刊ニュースレターを希望される方はウェブサイトをご覧になり、フォームに記入してください。

第2章　TOEIC Part 7 頻出15パターン完全攻略！

最短時間で確実に正解するための極意

1. キャッチコピーの内容は直後の段落で具体化せよ！

　設問1で、「ガーデニングのお店の宣伝」と単純に考えた方はいませんでしたか？　宣伝広告で目を引く**巨大なキャッチコピーは、必ず本文中（特に直後の段落）で詳細を具体化してください！**　例えば "Buy One and Get Two!"（1つ買えばもう1つついてくる！）とある場合、対象商品や特別セールの実施期間などの詳細を必ず確認するのです。この文章のキャッチコピーを見ても、せいぜいこの店がガーデニング用品の店であることしかわかりません。そこで、**続く第1段落で具体的な内容の詳細を探します**。例題では第1段落の後半で、はじめてMellow Gardeningが「online store」（オンラインストア）であることがわかります（設問1）。このように、**広告宣伝では「キャッチコピー」→「その具体的詳細」**という流れを覚えておきましょう。

2. 大量の商品・サービス名は「商品・書いてある場所」で！

　宣伝広告の中盤では、個別の商品やサービスが具体的に紹介されます。時々、この部分で**大量の商品名が列挙されることがあります**が、これらが問題で問われることはほとんどありません。これらの**商品群が書かれている本文中の場所だけを覚えておけば十分**です。例題では「**商品・第2段落**」のように押さえ、3秒でスルーします！　そして、商品について問題で細かく問われた場合に限り、この段落に戻って検討すればいいのです。

3. 安売りや特典は「条件」と「マイナス情報」を見落とすな！

　宣伝広告の頻出テーマに、**安売りの案内**や、「○○個買うともう1つ進呈！」のような**特典の案内**があります。ここで把握すべき情報は、①**安売りや特典を受けるための「条件」**と、②**そのおいしい話の裏に隠れた「マイナス情報」**です。①は例えば、「○○個購入された方へ」や「会員

様限定」や「午後7時からの2時間限定」のように、安売りや特典を受ける人々を限定するような情報です。そして②はこの文章の終盤の*印に書いてあるような、「25個のみ、1人1個のみ（設問2）、キャンセルや返品は不可」といった内容です。こういった読み手の興奮に水を注すような内容は、「○○％オフ」のような情報の影で **目立たぬように書かれていますが、Part 7では圧倒的に重要な情報** であることを肝に銘じましょう！

　それでは、次にTOEIC満点を獲得するためのスーパーマーケット関連の語彙表現を挙げておきますので、知らないものがあれば覚えておきましょう。

TOEIC 満点獲得のための語彙力 UP 大特訓5 [スーパーマーケット編]

- ☐ **Reduced to Clear** セール品（「在庫一掃セール」は clearance sale）
- ☐ **Back to School Sale** 新学期セール
- ☐ **top selection** 一押し商品（「一番の目玉商品」は top pick）
- ☐ **tax add'l [= additional]** 税別
- ☐ **new arrival** 新着品
- ☐ **limited time offer** 期間限定
- ☐ **First come, first served.** 早い者順
- ☐ **Everything must go!** 全品売り尽くし
- ☐ **Buy one get one free** 1つ購入でもう1つ無料（「2つで1つの値段」は It's on two-for-one.）
- ☐ **Discontinued** 製造中止（もしくは N/A（= not available）
- ☐ **consistent quality** 品質保証
- ☐ **half-price sticker** 半額の値札（「値引き」は markdown）
- ☐ **There's a two package limit.** お1人様2パックまで
- ☐ **One booklet per customer** お1人様1部のみ
- ☐ **Use tongs or tissue paper.** トングや紙をご使用ください
- ☐ **Contains no artificial colors or preservatives.** 人工保存料および保存料は使用されておりません
- ☐ **$9.98 Ea. [= each]** 1パック、9ドル98セント
- ☐ **.50¢ lbs. [= pound]** 1ポンド（約453グラム）、50セント
- ☐ **1lb Reg. $ 2.55 lb Save 55¢** 1ポンド定価2ドル55セントのところ、55セントお得 ※ Reg. は regular のこと
- ☐ **Your bottle plus gallon of water 50¢** お手持ちの容器をご利用になる場合、水1ガロン（約3.785リットル）50セント
- ☐ **1 OZ [= ounce] 1PK** 1オンス（約28グラム）、1パック
- ☐ **Dollar Deals $3** 3ドルの掘り出し物
- ☐ **return policy** 返品条件
- ☐ **No returns will be accepted.** 返品はお受け致しません

- ☐ **One hour notice appreciated.** 1時間前にご注文ください
- ☐ **TV dinner** TVディナー：手間要らずのトレイに盛った冷凍食品
- ☐ **leaner**（肉の）赤身（「挽肉」は ground beef）
- ☐ **pulp-free orange juice** 果肉のないオレンジジュース
- ☐ **three fillets of sole** 舌ビラメの切り身3枚
- ☐ **crisp vegetable** 歯ごたえのある野菜
- ☐ **day-old bread** 売れ残りのパン
- ☐ **assorted cookies** クッキーの詰め合わせ
- ☐ **flower bouquet** 花束（「鉢植え」は potted plant）
- ☐ **alteration** 服の寸法直し
- ☐ **stain removal** しみ抜き（「油のしみ」は grease mar）
- ☐ **moth hole** 虫食い
- ☐ **insect repellent** 虫除けスプレー
- ☐ **for external use only** ［薬品］外用のみ
- ☐ **Please pick-up all prescriptions here.** ここですべての処方薬をお受け取りください
- ☐ **double bag** （購入した商品）の袋を二重にする
- ☐ **How far in advance should I order?** どのくらい前に注文すればOKですか？
- ☐ **Express 5 items or less** お急ぎの方専用レジ、5品以下
- ☐ **bulk buying [foods]** まとめ買い
- ☐ **We reserve the right to limit quantities.** 購入数を制限させていただくことがあります
- ☐ **price range** 予算（「支払額」は amount paid）
- ☐ **balance due** 差し引き請求額
- ☐ **Free, 90 days same as cash.** 90日以内に全額支払えば利息なし
- ☐ **debit card** デビットカード：購入代金をキャッシュカードで口座から引き落とすサービス
- ☐ **food stamp** ［米］（政府が生活保護者に発行する）食料配給券

[6] article (記事) ① 都市政策の攻略法はこれだ！

Alinton, North Catalina, has succeeded in inviting business thanks to the efforts of a local organization, "Independent Alinton." It is going to launch a large campaign next month. Fliers, bumper stickers, and posters will promote the newcomers with the slogan "Sustain a Phoenix."

"We're going to try to make a big splash in the middle of November," said George Thompson, one of the starting members of the organization. "...and then encourage Alinton residents to shop local."

The organization currently includes only retailers as members, but the plan is to invite service businesses and restaurants to join and invite business other than retailers. "We wanted to start with something small, make that a success, and use that to build further," George said.

Although he had long-considered the group "a good idea that helps boost economy in Alinton," George said that he had been held back by the thought of needing "a full-fledged organization to get started." After looking at the last year's successful example of "With a Will," an organization with the same kind of goal as Independent Alinton, George made a decision to launch his organization.

"I thought the first things we needed were a slogan and a logo. My wife came up with 'Sustain a Phoenix,' which everyone likes. Alinton is a city where the legend of the phoenix is popular, and everybody in Alinton knows the phoenix means Alinton," George said. The logo – a phoenix on a bright red background – was designed by George's niece Nancy Cruacy, a graphic designer who has done work for Netz Foods and Metas University. "When I explained what the logo was for, she really liked it. She did it for much less than her usual rate."

To further publicize the campaign, Independent Alinton will have a website, and will also make available booklets that explain how much spending locally benefits the local economy.

1. What kind of business has Alinton probably succeeded in inviting?（Alinton はどのような業種の企業を誘致することに成功したと考えられますか）

2. What finally made George decide to establish Independent Alinton?（最終的に George に Independent Alinton を設立することを決めさせたのは何ですか）

3. What is George going to do to publicize Independent Alinton?（Independent Alinton を宣伝するために George がしようとしていることは何ですか）

〈ポイント〉

1. **具体的な情報から企業の業種を推測**する。第3段落1文目に "The organization currently includes only retailers as members, but the plan is to ... **invite business other than retailers**."（その組織は現在の会員は小売業のみだが、…小売業以外の業種も誘致する計画である）とあるので、すでに誘致に成功している企業の業種は「小売業」であると考えられる。

2. **過去に関する質問なので、過去に関して述べている段落を探す**。第4段落2文目に "After looking at the last year's successful example of 'With a Will,' ... George made a decision to launch his organization."（昨年の「With a Will」の成功例を見て、George は組織を立ち上げる決心をした）とある。

3. **未来に関して述べている段落で検討する**。最終段落で "To further publicize the campaign, Independent Alinton will have a website, and will also make available booklets"（キャンペーンをさらに広めるために、Independent Alinton はウェブサイトを作り、また小冊子も刊行する予定だ）とある。

第2章 TOEIC Part 7 頻出15パターン完全攻略！

〈訳〉

　North Catalina 州 Alinton は地方団体「Independent Alinton」のおかげで企業を誘致することに成功した。来月大々的なキャンペーンを行う予定である。「Phoenix を元気づけよう」のスローガンとともに、チラシ、車のバンパーステッカー、ポスターが新たにやってくる人々に呼びかける。

　「我々は11月半ばに大きな企画を実施するつもりだ。そして Alinton の住民に地元で買い物をするように呼びかけるのだ」と組織の発起人の1人である George Thompson は語った。

　Independent Alinton は現在のところ小売店のみが会員になっているが、サービス業やレストランなど、小売店以外の業種にも参加を呼びかける計画だ。「私たちは小さなことから始め、それを成功させたうえでさらに大きく発展させたいと考えていた」と George は語った。

　George は、Independent Alinton のような団体は「Alinton の経済を活性化するための良いアイディア」だと長年考えていたが、「発足させるに値する完全な組織」が必要だとして躊躇していた。Independent Alinton と同様の目的を持った「With a Will」の昨年の成功例を目の当たりにして、George は自分の組織を立ち上げることを決心した。

　「まず我々に必要なものはスローガンとロゴだと考えた。私の妻が『Phoenix を元気づけよう』のスローガンを思い立ち、みんなも気に入ってくれた。Alinton はフェニックスの伝説で有名な都市で、フェニックスといえば Alinton だとみんなわかっている」と George は語った。明るい赤の背景にフェニックスが描かれたロゴは、George の姪でグラフィックデザイナーである Nancy Cruacy によってデザインされた。彼女は他に Nets Foods や Metas 大学のデザインも手掛けている。「なぜロゴが必要かを彼女に説明したら、とても興味を持ってくれ、通常よりもかなり安く請け負ってくれた」と彼は語った。

　キャンペーンをさらに広めるために、Independent Alinton はウェブサイトを開設し、地域で消費することがいかに地域の経済に貢献するかを説明した小冊子を刊行する予定である。

最短時間で確実に正解するための極意

1. article 速読の極意は「主人公」と「時間軸」だ！

　article では必ず*、ヘッドラインとはじめの1文目で「何に関する記事なのか」がわかるように書かれています。ここを見て、これから読む文章の大まかな内容をつかむと同時に、**その記事の①「主人公となる名詞」を決定しましょう！**　それ以降の部分では、②「**段落ごとに現在、未来、過去の時間軸**」で出来事を整理しながら読み進めます。他の文章パターンと違い、article にはストーリーがあります。そして、文章が長くなればなるほど複雑になります。**途中で頭が混乱しないように、冒頭で頭の整理棚を作りましょう！**

＊この説明は"magazine article"（雑誌記事）には必ずしもあてはまりません。

2.「主人公」を中心に人物関係や利害関係を整理する！

　本文の 主人公となる名詞 は「Independent Alinton」という組織と、創業者の1人の「George」です。**これらを中心に人間関係を頭の中できちんと整理できましたでしょうか？**　例えば、

> Who first suggested the slogan?
> （最初に slogan を提案したのは誰ですか）
> 　(A) George's wife　(B) George's niece
> 　(C) George's daughter

に即座に答えられますか？　文中にはスローガンやロゴに関わる人物として、「George の妻」と「George の niece（めい）」が出ました。このうちスローガンを考えついたのは、「George の妻」です。**即答できなかった方は文の途中で「人物関係混乱警報」です！**

3.「現在・未来・過去」の時間軸で整理する！

　article での混乱を避けるためのもう1つの整理法が、**出来事を「現在・**

第2章　TOEIC Part 7 頻出15パターン完全攻略！

過去・未来」で整理する 方法です。文中にたくさん出てくる出来事をごちゃ混ぜにする混乱を防ぐと同時に、**設問に解答する際に本文の該当箇所を見つけるための時間と手間を大いに軽減できる**のです。この文章は段落ごとにきれいに「現在・過去・未来」に分けられます。つまり、第1段落〜第3段落が「現在」、第4段落と第5段落が「過去」、第6段落が「未来」です。これをつかめていれば、設問1の該当箇所は第1〜第3段落、設問2は第4〜5段落、設問3は第6段落のように、効率良く答えを探すことができます。

　それでは、次にTOEIC満点を獲得するためのアパート・店・食物関連の語彙表現を挙げておきますので、知らないものがあれば覚えておきましょう。

TOEIC 満点獲得のための語彙力UP 大特訓6 [アパート・店・食物編]

- [ ] **lessor [landlord, owner]** 賃貸人
- [ ] **lessee [occupant, renter, taker, tenant]** 賃借人
- [ ] **security deposit required** 敷金必要（「約款」は covenant）
- [ ] **duplex** 2世帯住宅
- [ ] **upscale condominium** 高級マンション
- [ ] **townhouse** 集合住宅、マンション
- [ ] **open house** オープンハウス：内部公開される建売住宅
- [ ] **gut renovated** 改装済み（「全家具つき」は fully furnished）
- [ ] **temporary sublet** 一時的また貸し
- [ ] **separate eat in kitchen** 独立したキッチン
- [ ] **southern exposure** 南向き
- [ ] **walk-up** エレベーターなし
- [ ] **Payable monthly in advance on the 10th day of each and every month.** 家賃は毎月10日までに前払いのこと
- [ ] **Smoking is not permitted on these premises.** 建物［敷地］内タバコ禁止（「武器持込禁止」は No Weapons Allowed）
- [ ] **No pets, except those assisting the handicapped** ペット禁止、ただし身体障害者の介護は除く（「介護動物」は service animal）
- [ ] **No Loitering** たむろ禁止（「勧誘禁止」は No Soliciting）
- [ ] **No, shoes, no shirt, no service.** 靴を履いていない方、シャツを着ていない方お断り
- [ ] **Violators will be prosecuted.** 違反者は訴えます
- [ ] **Do not leave belongings unattended.** 手荷物から離れないでください
- [ ] **lost [stolen] articles** 紛失［盗難］物
- [ ] **In case of fire, use stairs, unless otherwise instructed.** 火事の場合は他に指示がない限り、非常階段を使用してください
- [ ] **sumptuous meal** 豪華な食事（「料理法」は culinary art）

第2章　TOEIC Part 7 頻出15パターン完全攻略！

- [ ] **Early Bird Menu** 早めの時間帯の割引メニュー
- [ ] **doggy bag** 持ち帰り用の袋（「食器」は eating utensil）
- [ ] **restaurant gratuity [tip]** レストランでのチップ
- [ ] **prime rib** 特上ロース（「フィレミニョン（＝ヒレ肉）」は filet mignon）
- [ ] **T-bone steak** Tボーン［骨つき］ステーキ
- [ ] **finger steaks** おつまみ［一口サイズ］のステーキ
- [ ] **BBQ ribs** バーベキュー・リブ：豚のバーベキュー料理
- [ ] **poultry dish** 家禽料理
- [ ] **buffalo wings** バッファロー・ウイング：鶏の手羽先料理
- [ ] **fish entrée** 魚の主菜［メインディッシュ］（「エビ類」は prawn）
- [ ] **pastry chef** ケーキ職人（「おいしいデザート」は delectable dessert）
- [ ] **glazed donut** シュガーシロップをかけたドーナツ
- [ ] **light refreshment** 茶菓子
- [ ] **confectionary manufacturer** 製菓メーカー
- [ ] **nutritious food** 栄養のある食物
- [ ] **brick oven** 石焼き釜（「チーズピザ」は white pizza）
- [ ] **by the slice** （ピザの）切り売り
- [ ] **SM, MED, LG, X-LG** （飲食物のサイズで）小、中、大、特大
- [ ] **French fries** フライドポテト
- [ ] **root beer** ルートビール：ハーブ等使用のノンアルコール炭酸飲料
- [ ] **slider** ミニバーガー　※商品名に由来
- [ ] **soda fountain** 炭酸飲料のディスペンサー
- [ ] **party platter** パーティー用の大皿に盛った料理
- [ ] **32 oz** （飲み物）32オンス　※1オンスは約30ml

[7] article(記事)②新規出店・新商品発売の攻略法はこれだ!

London-Based Cafe Chain to Open Branch in Worcester

A small chain of cafes is to open a branch in an old building in Worcester that has been given a new life following a recent refurbishment.

Award-winning cafe chain, Wex Excellence Cafe, has been revealed as the new tenant at 21 Bellbon Street, the landmark building on the corner of Angel Place formally known as Mellow Bar. It is set to open in early November.

The building had stood empty and dilapidated for some time before being bought by the Mellilion Estate, the owner of the neighbouring TinGate Shopping Centre, and given a major overhaul earlier this year. Mellilion Estate's development team has described the family-owned cafe chain as the "ideal tenant for such a prominent site".

Wex Excellence's marketing director Sam Ronets said, "We are a small, family-owned, award-winning business – a classic British cafe specialist coffeehouse, but we are more than just a place to sit and drink coffee." As he said, Wex Excellence has grown to be much more than just a place to grab a coffee and a slice of cake – for instance, it encourages people to use its notice boards to advertise local events, to use the cafe as a meeting place as well as a space to exhibit their arts. "We hope the new Wex Excellence in Worcester will also become very much part of the community before too long."

第2章　TOEIC Part 7 頻出15パターン完全攻略！

1. According to the article, who was in the building before Wex Excellence entered it?（記事によると、Wex Excellence が入る前にそのビルに入っていたのは何ですか）

2. Where is Wex Excellence's head office located?
（Wex Excellence の本社はどこにありますか）

3. What is said to be unique about Wex Excellence?
（Wex Excellence のユニークな点として言われているのは何ですか）

〈ポイント〉

1. 第2段落1文目の後半に、"the landmark building on the corner of Angel Place formally known as Mellow Bar"（Angel Place の角にある、以前は Mellow Bar として知られていた歴史的建物）とあるので、以前はバーが入っていたと判断できる。

2. この記事のヘッドラインに "London-Based Cafe Chain"（London に本拠地を置くカフェ・チェーン）とあるので、London に本社があると判断できる。

3. この問題は、現在の新規出店の経緯とは直接つながらない内容を問うているので、現在の経緯の話をしていない最終段落から答えを探す。すると、第4段落の2文目に、"Wex Excellence has grown to be much more than just a place to ..."（Wex Excellence は単に…するための場所以上のものに成長した）とある。その具体例として for instance 以下に書かれている「掲示板を使えること」「会議場として使えること」「芸術作品を展示できること」が Wex Excellence のユニークな点である。

〈訳〉

Londonに本拠地を置くカフェ・チェーンが **Worcester** に出店

　小さなカフェ・チェーンが、最近改装され生まれ変わった Worcester の古いビルに出店する予定だ。

　受賞歴もある Wex Excellence Cafe は、かつては Mellow Bar として知られていた Angel Place の角の歴史的建物である Bellbon Street 21 に新たな出店予定地を押さえたことを発表した。11月初旬にオープンの予定である。

　その建物は、隣接する TinGate ショッピングセンターの所有者である Mellilion Estate が購入し、今年初頭に大規模な改装工事が行われるまでは空室ばかりで荒廃状態にあった。Mellilion Estate の開発チームは、家族経営のカフェ・チェーンは「このような注目される場所にはぴったりのテナント」だと述べた。

　Wex Excellence のマーケティング部長である Sam Ronets は、「我々は受賞歴のある小さな家族経営の古典的な英国式コーヒー専門店ですが、単にコーヒーを提供している以上のものがあります」と言う。彼が言うように、Wex Excellence は、ケーキを食べながらコーヒーを飲むだけの場所をはるかに超える存在に成長した。例えば、人々は店内のボードで地域のイベントを宣伝することができるし、集いの場所としても自分の作品を展示する空間としても使用できるのだ。「Worcester の Wex Excellence Cafe も、すぐに地域の大切な場所になることを望みます」。

最短時間で確実に正解するための極意

1. 新規出店は「現在の経緯」「企業の紹介」の2部構成！

　企業の新規出店や新商品発表の記事は、article の頻出題材です。記事の構成は大きく2つに分かれます。まずは①「**現在の新規出店・新商品発表に直接つながる経緯**」が説明されます。その後は企業の過去の歴史、現状、未来の展望のような②「**企業そのものの紹介**」が説明されるのが一般的です。例題では、冒頭部分で「新規出店」の記事であることと、この文章の主人公が「Wex Excellence」であることをまずつかみます。その後の文章展開は、第3段落までが①「(現在の) 新規出店の経緯説明」で、第4段落が②「企業の現状と未来への展望」という構成になっています。

2. 主人公に関する「さりげない修飾語句」に注意！

　この記事の主人公が「Wax Excellence」というカフェであることがわかったら、**この名詞につく修飾語句に対する感度を高めておきましょう！** 設問2ではヘッドラインにある "London-Based"（London に拠点を置く）という**1語の修飾語句**が解答の根拠になりました。また、第2段落の冒頭にある "award-winning"（受賞歴のある）という語句も要注意です。受賞歴の有無は Part 7頻出の表現であるだけではなく、「What is mentioned about 〜?」(〜について何と言われていますか) のような問題における選択肢の常連語句です。

3. 固有名詞に惑わされるな！ 業種はしっかり把握せよ!!

　article では、**1つの文章中に非常に多くの地名や企業名が出てくる場合があります**。中には発音すら推測しかねる名詞もあり、これらを記憶することに時間を費やすのは大きな時間の浪費になります。文中の TinGate なら「ティン」のように、固有名詞は最初の音節くらいをサッと見てやり過ごしましょう！　一方で、**Part 7では人物名・企業名の代**

わりに、人物の肩書きや企業の業種が問われることが多いので、肩書き・業種は1つ1つ丁寧に押さえましょう。設問1では、"Mellow Bar"の代わりに"a bar"という選択肢が答えになる可能性があります。ちなみに、"Who is Sam Ronets?"の場合は"a (marketing) director"もしくは"an employee of a cafe"のような肩書きが正解となるでしょう。

　それでは、次にTOEIC満点を獲得するための乗り物・交通・戸外関連の語彙表現を挙げておきますので、知らないものがあれば覚えておきましょう。

TOEIC 満点獲得のための語彙力 UP
大特訓7 [乗り物・交通・戸外編]

- ☐ **wheelchair priority seating** 車椅子優先席
- ☐ **reduced-fare customers** 割引対象者
- ☐ **exact fare** つり銭のなきようお願い致します
- ☐ **turnstile** 回転式改札
- ☐ **suspicious items** 不審物（「大きな荷物」は bulky items）
- ☐ **passenger in distress** 気分が悪くなった乗客
- ☐ **MetroCard** メトロカード：ニューヨーク地下鉄のプリペードカード
- ☐ **Up to 3 children 44 inches tall and under ride for free** 身長44インチ（約112センチ）以下の子ども3人までは無料
- ☐ **Transfers issued on request.** 乗換券は要求に応じて発行します
- ☐ **$3.25 for senior citizens and people with disabilities with valid ID** 有効な身分証明書を持つ高齢者および障害者は3ドル25セント
- ☐ **Violating any of the rules can result in arrest, fine and/or ejection.** 規則違反は逮捕、罰金、下車となることがあります
- ☐ **toll road** 有料道路（「幹線道路」は highway）
- ☐ **interstate** 州間道路（「州内道路」は intrastate）
- ☐ **traffic intersection** 交差点（「交通渋滞」は traffic congestion）
- ☐ **surface street** 平面道路（「アスファルト道路」は asphalt pavement）
- ☐ **405 Fwy [= Freeway] Los Angeles** 405号フリーウェイ ロサンゼルス方面
- ☐ **Coast Rte [= Route]** 海岸方面
- ☐ **Right lane must turn right.** 右側車線は右折のみ
- ☐ **Wrong Way** 進入禁止（「迂回表示」は detour sign）
- ☐ **No Outlet** この先行き止まり（「右左折禁止」は No Turns）
- ☐ **Speed Limit 25** 制限速度25マイル
- ☐ **Speed Checked By Radar** レーダー監視区間

- ☐ **Low Clearance 9'-5"** 車高制限9フィート5インチ（約2.9メートル）
- ☐ **Yield to Passengers** 歩行者優先
- ☐ **carpools only** 乗り合い車専用車線
- ☐ **Clear Fire Lane for Emergency vehicles** 緊急時の消防車専用車線
- ☐ **secured valet parking** 係員つき警備駐車場
- ☐ **off duty** （タクシーの）回送車
- ☐ **initial charge [fare]** 初乗り料金（「賃送」は hired）
- ☐ **30¢ per minute in stopped or slow traffic** 停車および渋滞は1分間につき30セント
- ☐ **night surcharge** 深夜［平日］割増
- ☐ **$45 flat rate from JFK to anywhere in Manhattan** JFK 空港から、マッハッタンのどの場所でも一律45ドルのタクシー料金
- ☐ **domestic terminal** （空港の）国内線ターミナル
- ☐ **baggage claim** 手荷物引き渡し所（「（空港の）3階」は Level 3）
- ☐ **overnight layover** （乗り物の）一夜越しの乗り換え
- ☐ **overhead compartment** 頭上の荷物入れ
- ☐ **hotel courtesy shuttle** ホテル無料送迎バス
- ☐ **airporter** 有料の空港行きシャトルバス
- ☐ **all-suite hotel** 全室スイートルームのホテル
- ☐ **inclusive terms** （ホテルの）一切込みの宿泊料
- ☐ **utility truck** 小型トラック（「軽量車」は lightweight car）
- ☐ **authorized vehicles only** 許可車両のみ
- ☐ **No Trespassing** 不法進入禁止
- ☐ **No Littering** ゴミ捨て禁止（「投棄禁止」は No Dumping）
- ☐ **Unleashed dogs and motorized vehicles are not permitted within parks.** 犬の飼い放しや車両の乗り入れは、公園内では禁止されています
- ☐ **Owners are responsible for removal of animal waste.** 動物のフンは飼い主が始末してください
- ☐ **Do not dispose of trash or refuse in the lake.** 湖にゴミや廃棄物を捨てるな

[8] article（記事）③ 合併の攻略法はこれだ！

French pharmaceutical firm Philippe announced Monday that it has completed its acquisition of US-based biotechnology firm Wytech in a cash and stock deal worth an estimated $58 billion, a merger that will create one of the largest pharmaceutical companies in the world. When Philippe initially made a formal offer for Wytech in September 2009, Wytech was resistant to it at first, but finally accepted the offer after Philippe announced its intention that it would retain all corporate assets and employees of Wytech. "Small biotechnology companies with good product pipelines were valued quite highly," said William Mar, CEO of Philippe. "In the past, we used to invest 15-20% of our annual revenues in research and development, but the productivity was not as good as expected. Now we have taken the view that we will channel some of that considerable resource into acquisitions." Philippe's share price was up 9% on the news, closing Monday at $68.23.

78

1. What does this article say about the result of the acquisition?（買収の結果について、記事には何と書かれていますか）

2. Why did Wytech most likely reject Philippe's offer at first?
（Wytech社はなぜ最初はPhilippe社のオファーを拒否したと考えられますか）

3. According to the article, what response did the acquisition garner?
（記事によると、この買収はどのような反応を引き起こしましたか）

〈ポイント〉

1. 1文目で、"a merger that will create one of the largest pharmaceutical companies in the world"（世界で最も規模の大きい製薬会社の1つが誕生することになるだろう）と書かれているので、答えは「世界最大規模の製薬会社の誕生」。

2. この買収におけるWytech社の動向は、2文目に"Wytech was resistant to it at first"（Wytech社は最初、それを拒否した）と書かれているが、**その理由は直接的には書かれていない**。しかし、その直後に"finally accepted the offer after Philippe announced its intention that it would retain all corporate assets and employees of Wytech"（Philippe社がWytech社の法人資産や従業員をすべて維持する意図を発表したことを受けて、最終的にオファーを受け入れた）と書かれているので、拒否した理由としては、「資産や従業員が減らされることを懸念したから」と推測することができる。

3. **合併後の影響や反応は本文最後に書かれる**ので、最後の内容に着目して解答すればよい。本文の最終文に、"Philippe's share price was up 9% on the news, closing Monday at $68.23."（ニュースによると、Philippe社の株価は月曜日、9%上昇し終値68.23ドルで取引を終えた）とある。

第2章　TOEIC Part 7 頻出15パターン完全攻略！

〈訳〉

フランスの製薬会社Philippe社は月曜日、アメリカのバイオ企業Wytech社を推定580億ドルの現金および株取引で買収したことを発表した。この合併により、世界最大の製薬会社が誕生することになる。当初Philippe社は2009年9月に正式に合併申し入れを行ったが、Wytech社はそれを拒んでいた。しかし、すべての法人資産と従業員を維持する意向をPhilippe社が発表した後、Wytech社はついに申し入れを受け入れることとなった。「優れた生産パイプラインを持つ小さなバイオ会社にはかなり高い価値がある。かつて我々は年間歳入の15〜20%を研究開発費に投資していたが、期待したほど生産性は向上しなかった。今回我々はそうしたかなりの額の資金を買収に当てることにした」とPhillippe社CEOのWilliam Marは述べた。ニュースによるとPhilippe社の株価は月曜日、9%上昇し終値68.23ドルで取引を終えた。

最短時間で確実に正解するための極意

1.「合併・連携」は「概要」→「具体的経緯」→「その影響」！

　企業同士の合併・連携も、Part 7が好きな話題です。このパターンの記事では、**出だしの第1文で「どことどこが合併・連携するのか」という当事者（主人公！）をつかみましょう。**今回の記事では1文目で、合併の当事者である Philippe 社と Wytech 社を押さえます。これに続く2文目以降で②買収の具体的経緯が述べられますが、この部分では「**どの会社**が何をしたのか」という具合に**主語を意識して読むことが大切**です。終盤では③その買収による影響（株価の変動など）や評論家（critics）の反応が述べられるという展開が、この記事の定番の流れになります。

2. 専門的な知識に戸惑うのは時間のムダ！

　article では、例題1文目の「現金および株取引による」のような、ビジネス上の専門的な情報が述べられることがあります。しかし、ビジネスの**専門的な知識や理解を試す問題は TOEIC には絶対に出題されません**ので、このような内容は軽く通り過ぎましょう。一方で、1文目の最後にある「世界で最大規模の製薬会社の1つを作り出す合併」のような、**一般的な情報こそが狙われます。**設問1ではここが問われていました。

3. 具体的経緯は主語に注目し、各当事者の動向を追え！

　具体的経緯を述べている部分で問われるのは、**「それぞれの出来事がどちらの当事者によるものなのか」**を正確につかめているか、という点です。そこでこの部分を読む際は、**文の主語に注目し、頭の中で「会社名」と「その動向」をきっちり整理しつつ読み進めていきましょう。**会社名と動向を意図的にずらした不正解選択肢がよく出ますが、**頭で両者の動きをしっかり整理しながら読めていれば心配無用**です！　設問2は Wytech 社の動きについての問題なので、主語が"Wytech"になっている文の中から、解答の根拠を探し出します。

4. 記事の結びの「その後の影響や反応」をつかめ！

　合併の記事はほとんどの場合、「その後どうなったか」で締めくくられます。よく出るのは「株価の変動（上昇・下降）」「株主、評論家の評価」です。

　それでは、次にTOEIC満点を獲得するための娯楽・日用品関連の語彙表現を挙げておきますので、知らないものがあれば覚えておきましょう。

TOEIC 満点獲得のための語彙力 UP 大特訓8 [娯楽・日用品編]

- **premiere** 初公開
- **blockbuster hit / box office hit** 大ヒット作
- **Two Thumbs Up** (映画の) 太鼓判作品
- **Critically Acclaimed** 評論家絶賛 (「高く評価された小説」は acclaimed novel)
- **R-rating** 成人向けの映画
- **assistive listening device** 補聴器
- **after-hours drop box** 営業時間外の返却ボックス
- **What's the rental period for a new release?** 新作の貸出期限は何日ですか？
- **Extension costs $1 a day.** レンタルの延長は1日につき1ドルかかります
- **We offer an unlimited monthly plan.** 1カ月借り放題のプランがあります
- **complimentary ticket** 優待券、招待券
- **ticket agency** プレイガイド、切符取次業者
- **advance ticket** 前売券 (「当日券」は today's ticket)
- **fairground** 催し物の開催場所
- **exhibition pavilion** 展示館
- **concert venue** コンサート会場
- **movie sequel** 映画の続編
- **movie preview** 映画の予告編 [試写会]
- **gala performance** 特別 [記念] 公演
- **film adaptation** 映画化
- **original screenplay** オリジナル脚本
- **cameo appearance** 特別出演、友情出演
- **theater intermission** 劇の合間 [休憩時間]
- **capacity crowd** 超満員客 (「大喝采」は standing ovation)

第2章　TOEIC Part 7 頻出15パターン完全攻略！

- [ ] **emcee** 司会者
- [ ] **landscape painting** 風景画（「静物画」は still life）
- [ ] **wooden sculpture** 木造彫刻
- [ ] **fictionalized autobiography** 自伝小説
- [ ] **literary masterpiece** 文学の傑作
- [ ] **textile industry** 繊維工業
- [ ] **business attire** ビジネススーツ
- [ ] **mix and match** 組み合わせ自由
- [ ] **outgrown clothes** （体が大きくなって）着られなくなった服
- [ ] **waterproof garment** 防水服
- [ ] **platform shoes** 厚底の靴
- [ ] **sterling gold** 純金（gold-plated[-coated] 金メッキの）
- [ ] **commemorative coin** 記念硬貨
- [ ] **expiration date** 有効期限
- [ ] **extended warranty** 保証延長サービス
- [ ] **substitute goods** 代用品（「取り換え品」は replacement goods）
- [ ] **nonrefundable insurance** 掛け捨て保険
- [ ] **home furnishings** 家財道具
- [ ] **down payment** 頭金
- [ ] **bunk bed** 二段ベッド
- [ ] **detergent additive** 洗剤添加剤
- [ ] **cardboard box** 段ボール箱
- [ ] **clippers** バリカン
- [ ] **deodorizer** 脱臭剤（「加湿器」は humidifier）
- [ ] **dry battery** 乾電池（「単三電池」は size AA battery）
- [ ] **duplicate key** 合鍵
- [ ] **fire extinguisher** 消火器（「消火栓」は fire hydrant）
- [ ] **flash water heater** 瞬間湯沸器
- [ ] **Phillips screwdriver** 十字ドライバー
- [ ] **plunger** プランジャー：便器が詰まった時に使用

[9]notice(告知)の攻略法はこれだ!

McCarthy & Company's 2 Days Career Seminar

McCarthy & Company, a management consulting firm with nearly 7,000 consultants in 65 offices across 25 countries, is hosting an exciting summer program: Insight Asia. The program will give an insider's look into management consulting to those with a strong will to start a career in Asia after graduating from university. The seminars will cover a range of topics important to those who are exploring alternative career possibilities. Program agendas include an overview of management consulting, an introduction to the type of work we do, a management consulting case study, and an opportunity to network with colleagues and participate in social activities.

We are also hosting several web-based presentations to help students learn more about McCarthy & Company and our insight programs.

Your seat can be reserved online (http://www.mccarthy.career.edu).

"Insight Asia"
Chicago, Illinois
August 21-22, 2011
Application deadline: June 20, 2011

	Date	Time	Cost
Management Consulting	August 21	10:00 a.m. - 12:30 p.m	$40
Type of Work	August 21	1:00 p.m. - 4:00 p.m.	$60
Case Study	August 22	9:30 a.m. - 12:00 p.m.	$40
Network Building	August 22	1:00 p.m. - 4:00 p.m.	$50

*Applications received by May 31 will be discounted 20%

第2章　TOEIC Part 7 頻出15パターン完全攻略！

1. For whom is this seminar intended?
（このセミナーの対象者は誰ですか）

2. What is indicated about the cost?
（受講料について何が示されていますか）
※読み取れるだけ挙げてみよ

3. How can students receive a discount?
（学生はどうすれば割引を受けることができますか）

〈ポイント〉

1. 第1段落2文目の後半以降に"to those with a strong will to start a career in Asia after graduating from university"（大学卒業後にアジアで働こうという強い意思を持つ者に対して）とある。

2. 受講料に関する記述を検索すると、本文最後の表およびその注(*)の**2カ所に書かれている**。まずは表を見ると、例えば「午前中の講座は同額である」「午後の講座は午前中の講座よりも高額である」などがわかる。さらに、**表の下の注(*)に注目すると**、「早期申込者は割引が受けられる」などと言える。

3. 受講料が記された表の下の注(*)に注目。ここの記述内容から、「5月31日までに応募する」が正解とわかる。また、第3段落の応募方法に関する情報を統合して、"Apply online by May 31"（5月31日までにオンライン登録をする）という選択肢も考えられる。本番のテストでは、**離れた箇所にある互いに関連する情報を統合して作られた高度な選択肢**も存在する。

〈訳〉

McCarthy & Company 主催・2日間キャリア・セミナー

　25カ国に65カ所のオフィスを構え、約7000名のコンサルタントが所属する経営コンサルティング会社McCarthy & Companyによる、エキサイティングなサマープログラム「Insight Asia」が開催されます。このプログラムは、大学卒業後アジアで就職することを強く希望する学生の皆様に経営コンサルティングの内情をお伝えします。当セミナーに参加すれば、仕事探しに有益なあらゆるトピックを学ぶことができます。プログラムには、経営コンサルティングの概論、私どもの業務の紹介、ケース・スタディ、同僚との絆を深め社会活動に参加する機会などが用意されています。

　私どもは、学生の皆様に当社や主催プログラムについてもっと知ってもらうために、ウェブでのプレゼンテーションも行っております。

　お申し込みはオンライン（http://www.mccarthy.career.edu）にてお受けします。

Insight Asia
Chicago, Illinois
2011年8月21～22日
申し込み締め切り日　2011年6月20日

	日時	時間	費用
経営コンサルティング	8月21日	10:00～12:30	$40
仕事の種類	8月21日	13:00～16:00	$60
事例研究	8月22日	9:30～12:00	$40
ネットワークの構築	8月22日	13:00～16:00	$50

*5月31日までに申し込みの場合20%割引

最短時間で確実に正解するための極意

1. セミナー告知文は「内容説明」→「応募の条件」が基本！

前半部分ではセミナーの内容が説明されます。この部分では、どのような人物を対象にしたセミナーなのかを押さえます。**セミナーの対象者を、[人物]＋[性質]の2段階で把握する**ことがカギになります。例題の設問1では、[人物＝大学生]、そして[性質＝卒業後にアジアで働こうという強い意思を持つ者]の2点を把握します。後半部分では応募に関する情報が説明されます。この部分では①**応募方法**、②**申し込み受付期間**、③**受講料の3点**を特に意識して読みましょう！

2. 前半の並列情報・細かい数値は「一般化＋場所」！

例題では、第1文で開催者（McCarthy & Company）に関する数値データが、そして第3文以降ではセミナー内容の詳細がいくつも並列的に並んでいます。こういう並列情報を1つ1つ暗記することに努めて時間を浪費してはいけません。例えば第1文は「主催者の数値データ」、第3文以降はまとめて「**内容の具体例**」として把握し、それぞれが書かれている本文中の場所を覚えておきましょう。そして、例えば"What is mentioned about the seminar?"（セミナーについて何が言われていますか）のような問題が出たときに、「あ、内容の具体例はあの部分に書かれていた！」と反応し、その部分を1つ1つ検証すればいいのです。

3. 後半は「応募方法」「受付期間」「受講料」の3点！

①**応募方法**については本文中に"online"（オンラインで）と書かれています。なお、"by mail"（郵送で）と、"by e-mail"との混同がよく問われますので、くれぐれも注意しましょう！　②**受付期間**については、本文では締切日（deadline）が書かれています。時々「定員に達し次第受付を終了します」のように、締切日を設定しない場合もあります。③**受講料**については値段そのものよりも、(ⅰ)**割引・給付金の有無**、(ⅱ)**特典（金銭以外）の有無**、(ⅲ)**ⅰ、ⅱを受ける方法や条件**が狙われます。本文では(ⅰ)割引と、(ⅲ)割引を受ける条件（5月31日までに）を押さえておきましょう！

TOEIC 満点獲得のための語彙力 UP 大特訓9 [例文①]

I'm responding to your **e-mail inquiry** regarding a hotel reservation you made last week.	お客様が先週ご予約になったホテルについてのEメールのお問い合わせにお答えします。
Would it be possible for you to **advance your visit** by two days, to Wednesday?	貴殿のご来訪を2日繰り上げ、水曜日にしていただくわけにはいかないでしょうか。
We have **tentatively** scheduled your lecture from 2:00 p.m. to 4:00 p.m. on May 14 **pending** your approval.	ご承諾を待って、ご講演は暫定的に5月14日の午後2時から4時を予定しております。
Your **proposed date**, Tuesday, March 3, **poses no problem** on our side.	ご希望日の3月3日（火）は当方にも支障ございません。
Unfortunately we are now **working on a big project**, and will have no free time **for the foreseeable future**.	残念ながら、私どもは現在大きなプロジェクトに取り組んでおり、当面は時間の都合がつく見込みはございません。
For your convenience, our company is pleased to announce its **relocation** from April 1 **as follows**.	ご参考までに、我が社が4月1日付で以下の通り移転することをお知らせ致します。
I look forward to an even **closer association** in the future.	今後とも一層のお付き合いのほど、お願い申し上げます。
I am very honored to **have your congratulatory address** at the special ceremony.	特別な式典に貴殿よりご祝辞を賜りまして大変光栄です。
I **sincerely appreciate** your warm congratulatory message on my recent election to the board of director.	このたび取締役に選任されたことにあたり、温かいお祝いの言葉を賜りまして厚く御礼申し上げます。

[10] memo(社内通知)の攻略法はこれだ！

memo

To: All Employees
From: Richard Oearly
Date: March 24
Subject: The West Parking Lot

The renovation work of the West Parking Lot has been finally finished and will be ready to use starting on April 1. The capacity of the west lot has been expanded, and now it can accommodate 120 cars: 55 are spaces especially for compact cars while the remaining 65 will be for regular automobiles. In addition, considering the recently frequent cases of theft around the area, the facility is well-lighted and is equipped with security cameras.

As of April 1, all employees must use the West Parking Lot and must not park in the precinct of Dimlos, because the parking contract with Dimlos will expire on March 30. The vehicles parked on or after April 1 in the precinct of Dimlos will be subject to ticketing by security personnel. The East and North Parking Lot will be used the same way: The East Parking Lot is for customers, and North Parking Lot is for night shift employees and security vehicles only.

1. Why is the West Parking Lot equipped with security items?（なぜ西駐車場にセキュリティーアイテムが設置されたのですか）

2. Why can employees NOT park in the precinct of Dimlos on or after April 1?（4月1日以降に Dimlos 社の敷地内に駐車してはいけないのはなぜですか）

3. What parking will NOT be influenced by the change mentioned in the memo?（メモで言われた変更の影響を受けない駐車場は何ですか）

〈ポイント〉

1. 設問文中の"security items"とは、第1段落末尾に出てくる"security cameras"（防犯カメラ）を指すことにまずは気づくこと。この設置について、直前に"considering the recently frequent cases of theft around the area"（この付近で最近頻発する窃盗事件を考慮して）とあるので、近辺での頻繁な窃盗事件が設置の理由である。

2. Dimlos 社の敷地を使ってはならないことは第2段落に書かれている。その理由として同段落の1文目に"because the parking contract with Dimlos will expire on March 30"（Dimlos 社との駐車に関する契約が3月30日に終了するから）と書かれている。

3. 第2段落の最終文に、"The East and North Parking Lot will be used the same way"（東および北駐車場は同じ使われ方をされる）と書かれてあるので、この2つの駐車場は従来のままであると考えられる。

〈訳〉

memo

To: すべての従業員
From: Richard Oearly
Date: 3月24日
Subject: 西駐車場

　西駐車場の改築工事が完了し、4月1日より 使用できることになりました。西駐車場の収容台数は増加し、120台駐車可能です。55台分が小型車両用で、65台分が普通車両用です。さらに、駐車場で最近頻発する盗難事件に考慮して、照明を明るくし、防犯カメラを設置します。

　4月1日以降、すべての従業員は西駐車場を使用してください。Dimlos社との契約が3月30日付で終了するので、今後はDimlos社の区域に駐車してはいけません。4月1日以降Dimlos社の区域に駐車した車両は警備員に駐車違反切符を切られることになります。なお、東および北駐車場は従来通りです。つまり、東駐車場はお客様専用、北駐車場は夜勤従業員と警備車両専用です。

最短時間で確実に正解するための極意

1. memo とは社内向けのお知らせのこと！

　TOEIC における memo とは、**社内に向けたお知らせ**を指すと覚えておきましょう。そこで、本文に入る前に「**書き手**」と「**読み手**」を必ずはっきりさせてから本文に入る 癖をつけておきましょう。**肩書きも書いてあれば、最優先でチェック**です！

2.「取り決めの変更」パターンの攻撃ポイント！

　今回の memo は、駐車場の改装完了に伴う駐車に関する取り決めの変更点についての社内通知でした。このような「**取り決めの変更**」に関**する話題も Part 7頻出**です。よくあるのが、「航空会社の運賃や貨物の重量規制の変更」「新聞・雑誌の購読料の変更」などです。そこで、このパターンを読む際の攻撃ポイントを確認しておきましょう。

(1) 変更が適用される日！
　本文中には色々な日付が出てきますが、何と言っても注意すべきは「**その変更が適用される日**」です。例題では第1段落に "**starting on April 1**"（4月1日に始まる）と書かれていました。また、第2段落の "**As of April 1,**"（4月1日以降、）も適用される日を伝える重要表現です。このほかにも、"**Effective April 1,**"（4月1日より、）も取り決めが効力を持ち始める日を伝える重要表現です。

(2) 適用の日における「Before → After」！
　4月1日を境に何がどう変わるのか。**それより前と、その後の対比で整理しましょう！**　西駐車場に関しては、4月1日より「使用可能になる、駐車できる台数が増加、セキュリティーが向上（設問1）、社員はここを使わねばならない」という点を押さえます。設問2では Dimlos 社での駐車に関する問題でしたが、第2段落前半で3月末で契約が切れることを押さえ、4月1日以降は使用できないことをつかめば OK でした。

第2章　TOEIC Part 7 頻出15パターン完全攻略！

(3) 変わらない点もある！

本文末尾に、取り決めの変更を受けない事柄が書かれることもあります。(2) とは違って、**変更がないという点をつく問題が頻出します！** 設問3では東・北駐車場が今まで通りで、変更の影響を受けていない点を見逃してはいけません。

TOEIC 満点獲得のための語彙力UP 大特訓10 [例文②]

All affected employees will be offered positions in other locations, including **severance packages** and **outplacement services**.	当該する全従業員に対して、解雇手当や転職支援を含め他地域での職を提供する予定です。
The business foundation annually awards several scholarships to students who **meet specific qualifications**.	そのビジネス財団は、特定の必要条件を満たす学生に複数の奨学金を毎年支給している。
The ongoing product development **enabled** the company **to unveil** a new version of the hit product.	継続的な商品開発のおかげでその会社はヒット商品の新作を発表することができた。
The nationally renowned actress made her American movie debut by **starring in** the comedy.	国内的に有名な女優はコメディに出演することで、アメリカ映画デビューを果たした。
The book, which **chronicles** the author's childhood experiences, **is highly praised as** the best example of an autobiography.	著者の子ども時代の体験を記録するその本は、自叙伝の最高モデルとして高く称賛されています。
It is gratifying to know that his efforts and dedication have been rewarded.	彼の努力と献身が実を結んだことを大変嬉しく思います。
I would like to extend my warmest congratulations on this well-deserved recognition of her ability.	彼女の実力が正当に評価されましたことに、心からお慶び申し上げる次第です。
I will **be seconded** from X Company to Y Corporation as Executive Director **effective May 1**.	私は5月1日付でX社からY社へ常務取締役として出向致します。
Ms. Pearson **has replaced** Mr. Miller as billing and accounting supervisor.	ピアソン氏がミラー氏の後任で経理主任になりました。

[11] information（インフォメーション）の攻略法はこれだ！

Hallymoon Haus
THEATER

Box Office Information

The Box Office is open Sunday through Tuesday from noon to 4:00 PM, Wednesday through Saturday from noon to 6:00 PM and at least 90 minutes prior to any ticketed event. Please click here and check the notice on the page for changes to Box Office hours due to holidays or special events.

The Box Office accepts cash or credit cards. A matching photo ID must accompany all credit card transactions. Securities such as money orders or traveler's checks are not accepted.

All ticket sales at the Theater Box Office are final; refunds are not available as a general policy of Hallymoon Haus Theater. Exceptions will be at the discretion of the Theater Manager and up to 15% administration fee will be discounted to patrons. Cash refunds are not given in any case. No exchanges are also admitted.

Every person, regardless of age, must have a ticket to be admitted into the theater.

If you have questions or need further information, please call the Box Office at (734) 978-3783. We will gladly assist you in making any arrangements needed to ensure that your visit is enjoyable.

1. What is this information about?（何についての情報ですか）

2. How is the audience supposed to pay for the ticket?
（観客はどのようにしてチケット代を支払うのですか）

3. How can the audience get a discount?
（どうすれば割引してもらえますか）

〈ポイント〉

1. Hallymoon Haus THEATER（劇場）や Box Office（チケット売り場）から、劇・映画・コンサートのチケットの入手方法に関する **information** だとわかる。

2. 第2段落に支払方法がまとめて書いてある。① **cash**（現金）や **credit card**（クレジットカード）で支払う。②ただしカードの場合は **photo ID**（写真つき身分証明書）が必要。③ **money order**（為替）や **traveler's check**（旅行者用小切手）などの **securities**（証券）は使用不可といった3つのポイントを押さえる。

3. 割引については第3段落に、"Exception will be at the discretion of the Theater Manager and up to 15% administration fee will be discounted to patrons."（例外として劇場マネージャーの裁量で、常連のお客様に対して、入場料が最大15％割引になる）とある。

〈訳〉

Hallymoon Haus
THEATER

チケット情報

　チケット売り場の営業時間は、日曜日から火曜日は正午から午後4時まで、水曜日から土曜日は正午から午後6時まで、少なくとも開演の90分前となっています。休日や特別イベントによる営業時間の変更は、こちらをクリックしてご案内をご覧ください。

　当チケット売り場は現金またはクレジットカードでご利用になれます。クレジットカードでのお支払いには写真つき身分証明書をご提示ください。為替や旅行者用小切手のような証券ではお支払いになれません。

　チケット売り場で購入されたチケットは変更できません。ご購入後の返金は Hallymoon Haus 劇場の規則によりお受けできません。例外的に劇場マネージャーの裁量により、常連のお客様に対して入場料が最大15％割引になりますが、いかなる場合であれ、返金には応じられません。チケットの交換もできかねます。

　年齢に関係なく、ご入場にはチケットが必要になります。

　ご質問や詳細は、チケット売り場（734) 978-3783までご連絡ください。お客様に楽しんでいただけるよう、喜んでお手伝いします。

最短時間で確実に正解するための極意

1. 何についての情報かをつかめ！

information では、まず何についての情報かをつかむ ことが大切です。今回の場合は、Hallymoon Haus THEATER（劇場）や Box Office（チケット売り場）から、**劇・映画・コンサートのチケットの入手方法**だとわかります。

2.「その文書に特有の情報」は即 input せよ！

次に文書に目をやりながら、以下に挙げるような「**その文書に特有の情報**」は即 input しましょう！　information の場合、こうした情報さえつかめればあとはサッと読んでも構いません。強弱をつけて読むことが、TOEIC ではとても大切なのです。以下の情報をきちんと把握できましたでしょうか、確認してください。

営業時間
日～火は正午から午後4時まで
水～土は正午から午後6時まで
少なくとも開演90分前まで
休日や特別行事の場合は変更があるので、ココをクリックしてチェック

支払方法
現金・カードどちらも OK だが、カードの場合は **photo ID**（写真つき身分証明書）持参で
為替や旅行者用小切手はダメ
いかなる場合でも変更・返金・交換は受け付けない
劇場マネージャーの裁量でお得意様は最大**15%割引**あり

その他
年齢に関係なくチケットが必要
詳細は（734）978-3783に電話

TOEIC 満点獲得のための語彙力 UP
大特訓11 [例文③]

This is **a reminder** about your **overdue account**.	御社の滞納金についてお知らせ致します。
Your account will **incur a late charge** if full payment is not received **by the due date**.	期日までに全額お支払いいただけない場合は、お客様の口座に延滞料が発生します。
Our record shows that **your account balance of $500 is ten days past due**.	弊社の記録によると、貴社の未払い勘定の500ドルが支払期限から10日過ぎています。
The amount due will **be automatically withdrawn from / charged to your account** on May 30.	請求額は5月30日に自動的に引き落とされるか、課金されます。
For the benefit of your credit, we sincerely hope that you will settle the account immediately.	御社の信用を損なわないためにも、早急にお支払いいただけることを切に願っております。
Thank you for your letter of May 20 **requesting a quotation** for Items 10 and 11. The following prices are **quoted per dozen**.	5月20日付貴信にて品番10、11に関する見積請求をいただき、ありがとうございます。1ダースごとの見積価格を以下の通りご連絡致します。
Please note that the prices in this quotation will **expire** on September 30, 2012.	なお、本見積書に記載された価格は2012年9月30日まで有効です。
A 15% volume discount **is granted** for orders of 10 or more units.	10ユニット以上のご注文については、数量割引として15%の値引きが適用されます。
Your initial order is subject to a special discount of 20%.	貴社の最初のご注文には20%の特別割引をさせていただきます。
As a token of good faith, we would like to offer you a 50% discount on your next purchase.	お詫びとして、次回ご購入の際に50%割り引きさせていただきます。

[12]announcement(通知)の攻略法はこれだ!

April 1, 2011

FUEL SURCHARGE INCREASE

Palencia Airlines has announced that it will be increasing the fuel surcharge on all tickets issued from today. The measure of increasing the fuel surcharge is taken to offset the rising cost of oil.

Since the beginning of the year, the price of jet fuel has risen by over 25%, and it currently costs over $135 per barrel, the highest it has been in two years.

The increases, effective from today, will be applied to all tickets issued for Palencia Airlines and its subsidiary carrier, Palencia Cargo. The surcharge ranges between $27 and $262 according to class and distance of travel. We will monitor fuel prices and the additional charge will always be under review.

	Surcharge ($)		
Route	First Class	Business Class	Economy Class
Between Palencia and South East Asian Gateway	48	40	27
Between Palencia and Europe	160	148	130
Between Palencia and North Africa	167	155	137
Between Palencia and America	262	250	238
All Other Flights	138	122	106

第2章　TOEIC Part 7 頻出15パターン完全攻略！

1. Why is the fuel surcharge added?
   （どうして燃油サーチャージが加算されるのですか）

2. When does this increased surcharge go into effect?
   （いつサーチャージの増額が行われるのですか）

3. Which class includes the highest surcharge?
   （どのクラスが最も高いサーチャージを加算されますか）

〈ポイント〉

1. 第1段落第2文に "The measure of increasing the fuel surcharge is taken to offset the rising cost of oil."（燃油サーチャージを増加する措置は石油の値上がりを埋め合わせるためのものである）とある。どの程度増加したかは続く第2段落に具体的数値が書かれているが、設問で問われない限り、軽く読んでおけばよい。

2. タイトル上の日付 April 1, 2011、および第1段落の第1文の最後の from today（今日から）、第3段落第1文の effective from today（今日から発効）から2011年4月1日以降増額されることがわかる。設問1で述べた細かな数字と違って、**日付は必ずチェックしておくこと**。

3. 第3段落第2文で "The surcharge ranges between \$27 and \$262 according to class and distance of travel."（サーチャージはクラスや飛行距離に応じて27ドルから262ドルになる）とある。最も高いサーチャージが加算されるのは下の表から First Class「ファーストクラス」だと読み取れる。TOEICでは細かな数値よりも、**最大・最少など傾向を読み取ることが大切**である。

〈訳〉

2011年4月1日
燃油サーチャージ増額について

　Palencia Airlinesは本日より発行分のすべての航空券に対して燃油サーチャージを増額することを発表します。この増額措置は石油の値上がりを埋め合わせるためのものです。

　今年初頭からジェット機の燃料費は25%以上増加し、現在のところ1バレルあたり135ドル以上になっており、この2年間での最高値を記録しました。

　今日から実施される増額はPalencia Airlinesと子会社のPalencia Cargoのすべての航空券に適用されます。サーチャージはクラスや飛行距離により27ドルから262ドルになります。私どもは今後も燃料価格を調査し、追加料金の見直しを行ってまいります。

ルート	サーチャージ($)		
	ファーストクラス	ビジネスクラス	エコノミークラス
Palencia - South East Asian Gateway 間	48	40	27
Palencia - Europe 間	160	148	130
Palencia - North Africa 間	167	155	137
Palencia - America 間	262	250	238
その他の航空便	138	122	106

第2章　TOEIC Part 7 頻出15パターン完全攻略！

最短時間で確実に正解するための極意

1. まず「何のアナウンスメントなの？」をつかめ！

　タイトルがある場合はそのタイトルに注目します。タイトルがない場合や、タイトルに知らない単語が入っていて読んでもよくわからない場合は第1文に注目です！　最悪それでもわからない場合はそのまま第1パラグラフを読んで把握するクセをつけましょう。日頃から英字新聞の見出しだけでも読むようにすると効果的です。今回の場合は、2011年4月1日付でPalencia Airlinesがfuel surcharge（燃油サーチャージ）をincrease（増額する）というアナウンスメントでしたね。

2. 次に「誰に向けたアナウンスメントか」をつかめ！

　今回は航空会社の燃油サーチャージ増額のアナウンスメントなので、当然、航空会社を利用する人々（広く言えば一般の人々）に向けられたものだとわかります。

3. 速読しながら「何を伝えたいのか」をつかめ！

　今回注目すべき点は、以下の2点です。
　①なぜ燃油サーチャージを増額するのか
⇒ rising cost of oil（石油の値上げ）を埋め合わせるため
　　今年初頭から燃料費が25%以上の増加・現在1バレルあたり135ドル以上で、この2年間で最高値を記録
　　　※具体的な数字は設問で聞かれない限り無視して大丈夫！
　　　　設問で聞かれたときのみもう一度目を向けて確認すればOK！
　②その結果どうなるのか
⇒今日から実施　ところで今日っていつ？
　　　※冒頭の日付2011年4月1日は必ずチェック！
⇒ Palencia Airlinesとその子会社 Palencia Cargo で増額実施
⇒クラス（ファースト・ビジネス・エコノミー）や距離（Palenciaから目的地まで）により額が変わる！

TOEIC 満点獲得のための語彙力 UP 大特訓12［例文④］

Please **track the shipment of products** that we placed an online order for on May 1, 2011.	当社が2011年5月1日に注文した商品の出荷記録をお調べください。
All our models **are temporarily back-ordered**.	現在すべてのモデルは一時的に入荷待ちの状態です。
Your order **has already been processed and will be delivered by July 10**.	ご注文の品は既に発送手配済みで、7月10日迄にお届け致します。
Send a 10% deposit to reserve a conference room. **Alternatively**, please come to the office directly.	会議室の予約のために10%の内金をご送付ください。もしくは、直接事務所までお越しください。
We reviewed your **quotation**, and have decided to **place a trial order** for 10 units of Item 22.	見積書を検討致しました結果、品番22を10台、試験的に注文することに決定しました。
We would like to **place an order** for an additional 20 units of X on the condition that you can give us a 2-year warranty.	2年間の保証をご提供いただけるのであればX20個を追加注文したいと思います。
We expect delivery by February 3 and **will make payment by demand draft immediately upon receipt**.	納品は2月3日迄にお願い致します。納品があり次第、送金為替にて代金をお支払い致します。
This refers to the **billing problem you brought to our attention** in your letter of October 20.	請求の誤りをお知らせくださった10月20日付の貴信にお返事申し上げます。
As agreed upon, we will **dispatch the consignment within 5 days after the receipt of your remittance**.	合意の通り、代金のお振込後5日以内に品物を発送させていただきます。

[13] form(フォーム・書式)の攻略法はこれだ!

Aquasplash School Special Summer Seminar in 2011

Thank you for attending our annual summer special! Did you enjoy the energetic and informative lessons? We would like to receive your feedback. Your answer will help us enhance our teaching methods and increase the quality of our lessons, which will result in remarkable progress in your French ability! Please complete this questionnaire regarding the contents of today's seminar and enter for the chance to win our newly-released book *Systematic Approach to French Learning*. (30 people will be winners!)

1. Were the classes informative?
- Class A _○_ Agree ____ Acceptable ____ Disagree
- Class B _○_ Agree ____ Acceptable ____ Disagree

2. Were the contents of the classes well organised?
- Class A _○_ Agree ____ Acceptable ____ Disagree
- Class B ____ Agree _○_ Acceptable ____ Disagree

3. Were the instructors intriguing and enthusiastic?
- Class A _○_ Agree ____ Acceptable ____ Disagree
- Class B _○_ Agree ____ Acceptable ____ Disagree

4. Did the instructors pay enough attention to you?
- Class A _○_ Agree ____ Acceptable ____ Disagree
- Class B ____ Agree ____ Acceptable _○_ Disagree

5. Do you have suggestions for anything in the seminar? If so, please specify.

Both classes were so informative that my interest in French was dramatically increased. However, Mr. Koptsky's way of talking was a little too fast for me to follow.

Thanks! Your cooperation is vital to our school and will help us better serve you in the future!

1. What was the seminar about?
（このセミナーは何に関するものですか）

2. What will be offered to those who have answered the questionnaire?（アンケートに答えた人には何が提供されますか）

3. What class was Mr. Koptsky probably in charge of?
（Koptsky 氏の担当クラスは何であると思われますか）

〈ポイント〉
問1と問2は出だしの［**文章部分で解く問題**］、問3は本文中央の［**手書きで回答された部分で解く問題**］に分けたうえで検討する。

1. 第1段落4文目に、"which will result in remarkable progress in your French ability"（あなたのフランス語の能力を著しく向上させることになる）とあるので、このセミナーはフランス語のセミナーであると考える。

2. 第1段落の終わりに、"Please complete this questionnaire ... and enter for the chance to win our newly-released book"（このアンケートに記入していただき、我々の新刊を手に入れるチャンスにエントリーしてください）とある。これに関して、この直後に "30 people will be winners!"（30名に当たります）とある。したがって、抽選で30名に新刊がプレゼントされることがわかる。

3. これは**手書きのアンケート部分に関する問題**。アンケートの5番目の項目で、"Mr. Koptsky's way of talking was a little too fast for me to follow."（Koptsky 先生の話し方は、ついていくには少し速かった）とある。さらに4番目の項目を見ると、「講師はあなたに十分な配慮を行ったか」に対する Class B の評価が高くないので、この Class B が Koptsky 先生の担当であると判断できる。

〈訳〉

2011年度 Aquasplash School 夏季特別セミナー

　毎年恒例の夏季特別セミナーにご参加くださりありがとうございます！　精力的で情報豊かなレッスンを楽しんでいただけましたか？　ぜひご意見をお聞かせください。あなたのご意見により、指導法をより良いものにし、質の高いレッスンをご提供できるようになります。さらにあなたのフランス語の能力を飛躍的に伸ばすことにもなるでしょう！　本日のセミナーの内容に関する以下のアンケートにご回答ください。抽選で30名の方に新刊『Systematic Approach to French Learning』を進呈します。

1. 授業は情報豊かなものでしたか。
   - Class A 　◯　良い　　　　普通　　　　不満
   - Class B 　◯　良い　　　　普通　　　　不満
2. 授業の内容はまとまっていましたか。
   - Class A 　◯　良い　　　　普通　　　　不満
   - Class B 　　　良い　　◯　普通　　　　不満
3. 講師はみなさんの興味を引き出し、熱心に教えましたか。
   - Class A 　◯　良い　　　　普通　　　　不満
   - Class B 　◯　良い　　　　普通　　　　不満
4. 講師はみなさんに十分な配慮を行いましたか。
   - Class A 　◯　良い　　　　普通　　　　不満
   - Class B 　　　良い　　　　普通　　◯　不満
5. セミナーに関して何かご提案はありますか。もしあれば具体的にお書きください。

どちらのクラスもとても情報豊富でフランス語への興味がかなり高まりました。しかしながら、Koptsky 先生の話し方が私には若干速すぎて理解し辛かったです。

　ありがとうございます！　あなたのご協力は我が校にとって、とても貴重なものです。今後より良いものをご提供するために役立ててまいります。

最短時間で確実に正解するための極意

1.「文章問題」と「手書き問題」の選別に気をつけて読め！

　TOEIC における form とは、あらかじめ決められた書式に手書きで回答してもらうための文章を指します。このタイプの文章を速読する際の目標は、本文を一読し終わった時点で、1つ1つの問題が①「**文章部分に関する問題**」か、②「**手書きで回答された部分に関する問題**」かを瞬時に判断できるようにすることです。

2. まずは「文章しっかり」！　特典に注目!!

　上記の読みを達成するためのコツは、**本文を**「**文章部分**」**と**「**手書きで回答された部分**」**とに分けて、まずは文章部分をしっかり読む**ことです。たいていの場合、冒頭部分では「何のために記入してもらうか（ほとんどが「サービス向上のため」）」が述べられ、末尾では「記入してくれてありがとう」のようなことが述べられます。しかし、このような決まり文句は軽く流しましょう。一方で、**決まり文句以外の内容の記述に注目です！**　よくあるのが、アンケートに記入してくれた人に対する**特典です。**本文では第1段落末尾の「新しく刊行される本を30名様に進呈する」が狙いどころで、設問2はこれを問うたものでした。

3. そして「手書きはサラッ」！

　文章部分を読んだ上で、手書き部分に目を通します。この時、膨大な項目の細部まで読み込むのは時間のムダです。**結局は設問部分で問われている部分だけを読めばいいわけですから。**そこで、次のよく問われる部分に注目しましょう。

(1)「マイナス評価」！
　"message" の項でも触れましたが、form でも概ね評価は好意的（あるいは中立）です。そのような中で**特に目立つ**「**マイナス評価**」**が狙い**

目です。マイナス点があるClass Bの、特に4つ目の項目が狙い目だと気づきましょう！

(2)「手書きの文章」は100%狙われる！
　手書きの中でも、文章で回答されている部分はほぼ確実に問われます。設問3に瞬時に答えられなかった方は覚えておきましょう！

TOEIC 満点獲得のための語彙力 UP 大特訓13 [例文⑤]

Since your delay in delivery **has caused damage to our credibility**, we must cancel our order and **request a refund**.	御社の配送遅延により弊社の信用が損なわれたので、注文を取り消し、返金を請求しなくてはなりません。
We're returning the equipment at your expenses **in accordance with the terms of guarantees**.	保証条項に基づき、御社の費用持ちで機器を返品致します。
We are deeply sorry for the **inconvenience caused by an oversight** in our accounting section.	弊社経理課での見落としによりご迷惑をおかけしまして心よりお詫び申し上げます。
We assure you that we will **make every effort to prevent a recurrence** of this problem.	この問題が再び起きないようあらゆる努力を行うことをお約束致します。
Please take a moment to register our free newsletter so we can inform you of our latest products.	少し時間をお取りいただきまして、当社の新製品をお知らせできるように無料のニュースレターにご登録ください。
Could you respond to the **attached questionnaires** and return it using the **self-addressed envelope**?	添付のアンケートにお答えいただき、返信用封筒をご使用の上、ご返送いただけますか。
Please respond to this invitation by August 31 **so that we can finalize our arrangements**.	準備の都合上、8月31日迄にお返事くださいますようお願い致します。
We hope that you will kindly consider our offer and reply to us **at your earliest convenience**.	弊社の申し出を前向きにご検討いただき、ご都合がつき次第お返事いただければ幸いです。
Each employee **is required to** exercise utmost caution in handling **confidential company information**.	従業員の各々が会社の機密事項に最大限の注意を払うように義務づけられる。

[14] instructions(説明書)の攻略法はこれだ！

How to Remove Nail Polish Stains from Leather

Nail polish stains are common and can create a big mess. It's easy to get nail polish stains on leather furniture after you've touched it with freshly polished nails. Even nails that appear to be dry can be just wet enough to cause a stain. The good news is that with a little careful planning your furniture doesn't need to be ruined. Follow these steps to remove nail polish stains from leather. If possible, follow these steps as soon as possible to reduce the chance of the stain setting.

◎**Tools and Materials Needed:**
- Paper towels
- Rubbing alcohol
- Cotton balls
- Nail polish remover (acetone)
- Linseed oil
- Vinegar
- Leather polish

Step 1 – Remove the Nail Polish
Remove the nail polish as quickly as possible. Drops can be removed by carefully dabbing them with one or more cotton balls. This reduces the chance of smearing the drops around and causing more damage. Larger spills, especially on big pieces of leather like leather furniture will need to be dabbed with paper towels. Be careful as you dab so you don't spread the leather polish or cause it to drip on something else like carpet or floor.

Step 2 – Work on the Stain
The next thing you have to do is to remove the nail polish stain. Nail polish is typically removed with acetone, although rubbing alcohol can also work. Both can destroy leather color, so test each in an inconspicuous spot before starting. If there's no damage to the leather color after 24 hours, then you can use it to remove the nail polish stain. Try the rubbing alcohol first because it's slightly less harsh than acetone. Dab the stain with small amounts of rubbing alcohol.

Step 3 – Repair the Leather
Rubbing alcohol may cause some damage to the leather, but you can repair this damage or at least effectively cover it up. Begin by carefully washing any alcohol residue with water and wait until it dries up. Then treat the area with a homemade mix of vinegar and linseed oil, and apply in a circular motion to the treated spot.

1. Why should the instructions be followed immediately?(この説明書の指示にすぐに従うべきなのはなぜですか)

2. Why should acetone be avoided?(アセトンが避けられるべきなのはなぜですか)

3. What is vinegar for?(酢は何のために使われますか)

〈ポイント〉
設問1は出だしの[**文章部分を読んで解く問題**]、設問2と設問3は[**箇条書き部分を検索して解く問題**]に分けた上で解答する。

1. これは箇条書きの部分で具体的な手順が説明される前の**文章部分に関する問題と判断する**。第1段落の最後に"If possible, follow these steps as soon as possible to reduce the chance of the stain setting."(可能ならば、染みが沈着してしまう可能性を減らすために、なるべくすぐにこれらの手順を行ってください)とあるので、染みがつくのを防ぐためと考えられる。

2. これは**箇条書き部分を検索して解く問題と判断する**。この部分でacetoneという語を検索すると、Step 2に出てくる。Step 2の5文目に、"Try the rubbing alcohol first because it's slightly less harsh than acetone."(消毒用アルコールはアセトンよりも少しダメージが少ないので、アルコールを先に試してください)とあるので、アセトンは消毒用アルコールよりも少し害があるからだとわかる。

3. これも**箇条書き部分を検索して解く問題と判断する**。vinegarという語はStep 3に出てくるので、Step 3で革の傷みを目立たなくするために使われていることがわかる。

〈訳〉

革製品についたマニキュアの染み抜き方法

マニキュアの染みはよくあることですが、下手をするとひどい状態になりかねません。マニキュアを塗ったばかりの指で革製の家具に触ると簡単に染みがついてしまいます。乾いたと思った爪でさえも、染みになるほど湿っている時だってあるのです。しかしうれしいことに、少し気配りをしてあげれば、家具が台なしになることはありません。以下の手順で革についたマニキュアを落としてください。可能であれば、染みが沈着しないようにできるだけ早く実行してください。

◎必要な用具と材料
- 紙タオル
- マニキュア落とし（アセトン）
- 消毒用アルコール
- 亜麻仁油
- 食用酢
- 綿ボール
- 革用艶出し剤

ステップ1 — マニキュアを除去

マニキュアをできるだけ早く取り除きます。数個の綿ボールで気をつけて軽くたたくと滴が除去できます。こうすることで滴が周りに広がるようなさらなる被害を招くことを防ぎます。染み込んだ量が多い場合、特に革製の家具のように大きな製品の場合には、紙タオルでたたく必要があります。艶出し剤を広げたり、カーペットや床のような物に落としたりしないように気をつけてたたいてください。

ステップ2 — 染みを取り除く

次にすることは、マニキュアの染みを除去することです。消毒用アルコールでも大丈夫ですが、マニキュアは通常アセトンで除去します。どちらも革が色落ちする可能性があるので、実行する前に目立たない箇所でテストしてください。24時間たっても全くダメージがなかったら、染み抜きに使うことができます。消毒用アルコールのほうがアセトンよりもわずかにダメージが少ないので、まずこちらで試してください。少量で染みを軽くたたいてください。

ステップ3 — 革を修復する

消毒用アルコールは革に多少ダメージを与えるかもしれませんが、修復できるか、少なくとも上手に隠すことができます。まず水でアルコールの残留を注意して洗い流し、完全に乾くまで待ってください。それから食用酢と亜麻仁油を混ぜ合わせたものを、その部分に円を描くように塗り込んでください。

最短時間で確実に正解するための極意

1. instructions は「文章」+「箇条書きの見出し」を読む！

　instructions に関する問題は2つに分けられます。①**文章部分に関する問題**と、②**箇条書き部分に関する問題**です。本文を読む時は、**文章部分はしっかり読み、箇条書き部分は見出し部分だけに目を通しておけばOK**です。それから設問を見て、①と②のどちらのタイプの問題なのかを瞬時に見分け、効率良く解答の根拠を本文中から見つけ出しましょう。

2. 序盤で状況を映像化し、説明の流れに乗れ！

　まずは箇条書き部分の前の文章部分を読み、何に関する説明が始まるのか、頭に映像を思い浮かべましょう。**出だしで状況を映像化できれば、その後に続く説明の流れにすんなりと乗ることができ、早いスピードで読み進められます。**一方で、「なじみのない名詞」に関する instructions の場合は状況把握が困難ですが、そういう場合でも**第1段落を読み進めれば必ず状況が把握できるように本文が作成されています**。"nail polish"（日本でいう「マニキュア」）を知らない方でも、この名詞を適当な記号（X など）に置き換えて、「X を○○して、それから…」という具合に状況をつかみましょう。**どうしても状況がよくわからなくても解答に影響しない場合も少なくありません。**設問1では、設問の "should be followed immediately" というキーワードを本文で検索すれば、第1段落の終わりのみを見て解答することが可能でした。

3. 箇条書きは項目だけを読み、設問を見て細部を検索だ！

　この部分には具体的な手順が順を追って書かれていますが、問題で問われずに結局読む必要がない文が案外多いのが実情です。したがって本文を**通読するときは箇条書きの見出しだけを読んで大まかな流れを把握するだけでOK**です。あとは**設問を読み、関連する項目やキーワードを検索すればいい**のです。設問2では acetone という語が登場する Step 2 を、設問3では vinegar という語が登場する Step 3 の最後だけを見れば解答可能です。他の部分は設問に全く関係ないので、読む必要はありませんでした。

TOEIC 満点獲得のための語彙力 UP
大特訓14［例文⑥］

Attached to this letter is a letter of introduction, **for your convenience**.	ご参考までに、この手紙には紹介状が添付されています。
Your recommendation would **greatly enhance my chance of landing the job**.	推薦状があれば採用される可能性が一段と高くなります。
We **were referred to** your company by Ms. Smith of X Corporation.	X社のスミスさんから貴社をご紹介いただきました。
Please refer to the **attached résumé for further details**.	詳しくは添付の履歴書をご参照ください。
His work experience **qualifies him for the management position**.	彼の実務経験から管理職に適しています。
I highly recommend Mr. Smith for the position **without any reservations**.	そのポストには無条件でスミス氏をお薦め致します。
Her impressive qualifications would be **an asset to our company**.	彼女の優れた資質は会社の貴重な財産になるでしょう。
Despite your impressive qualifications, we now **have a hiring freeze**.	貴殿の能力は高く評価できるのですが、弊社は現在採用を停止しています。
We will **notify you of the status of your application** by July 1.	応募の結果は、7月1日迄にご連絡させていただきます。
Your résumé will be **kept on file for possible future employment**.	貴殿の履歴書は将来、採用の可能性が出た時のために保管させていただきます。
We are pleased to **enclose the advertising brochures** requested in your letter of July 1.	7月1日付貴信にてご依頼いただきました宣伝用パンフレットを同封致します。
The following manuals **can no longer be provided gratis**.	以下のマニュアルにつきましては、無料提供ができなくなりました。

[15] survey result(調査結果)/ analysis report(分析報告)の攻略法はこれだ！

2011 Top Selling Books Analysis

The list of the top 10 best-selling books of 2011 from our 21 bookstores (List A) and the list of overall top 10 best-selling books from our online bookstore (List B), have been compiled to help us discuss what age groups we should focus on for the next series of sales promotions. Here is the brief summary of the analysis.

1. Books for Young Readers Prove Popular on Both Lists

Both lists are heavily populated by novels for young readers (with several books in this genre making both lists). The young adult books *Going High!* and *The Short Second Life of Brian Tanner* made both lists, while *The Secret Matter*, *Diary of a Shy Boy* and *Elf on the Lake* were included only in List A. In addition, comics that are part of a larger series also sold well according to both charts.

2. Consumer Trend

The number one and number three books of List A were autobiographies, while no autobiographies were on List B. Most significantly, the memoir of former President Benet Roserhill, *Here Comes the Moment*, was ranked number one in List A, but did not place on List B. The fictional thriller *Don't Beat around the Bush!*, by the late British author Sharon Woodruff, popular among youths, topped List B and ranked number nine on List A. This suggests that elderly people tend to buy books in our store, while young people make their purchases online.

Against our initial expectation, books intended for the young sold well in 2011. In order to appeal to young people, we should focus our promotional campaign on them online. To further discuss the issue, we will call a meeting on January 29.

第2章 TOEIC Part 7 頻出15パターン完全攻略! 117

1. What is the purpose of the survey?
（この調査の目的は何ですか）

2. According to the passage, which group likes thrillers?
（本文によると、スリラーを好むのはどのグループですか）

3. What will be discussed on January 29?
（1月29日に何が話し合われますか） ※具体的内容を答えよ

〈ポイント〉
1. 調査そのものに関する情報は文章の冒頭にある。第1段落の後半に "to help us discuss what age groups we should focus on for the next series of sales promotions"（次期販売促進活動でどの年齢層に焦点を当てるべきかを話し合うために）とある。

2. これは**具体的な調査結果に関する問題と判断**する。問われているthrillersに関する記述を調査結果の中から探すと、2つ目の項目「Consumer Trend」の3文目に "The fictional thriller *Don't Beat around the Bush!*, by the late British author Sharon Woodruff, popular among youths"（若者に人気でイギリス出身の故 Sharon Woodruff によるスリラー『Don't Beat around the Bush!』）とあるので、スリラーは若者に人気があるとされている。

3. 調査結果を受けて**今後どうするかは、本文最後に書かれる**。最終文に "To further discuss the issue, we will call a meeting on January 29."（この件についてさらに話し合うために、1月29日にミーティングを開く）とある。「この件」の具体的内容はその直前に "we should focus our promotional campaign on them online"（我々は若者向けの販売促進活動をオンライン上で行うことに焦点を当てるべき）とある。

〈訳〉

2011年度 ベストセラー書籍売上分析結果

2011年度の直営書店21店舗におけるベストセラー書籍トップ10（リストA）と我が社のオンラインストアにおけるベストセラー書籍トップ10（リストB）をまとめました。次期販売促進活動はどの年齢層に焦点を当てるべきかを議論していきます。分析の概要は以下のようになりました。

1. 若者向けの本は両リストで人気が高いことが判明

両リストで若者向け小説の人気が高いことがわかる（このジャンルの数作品がそれぞれのリストで見られる）。若者向けの書籍の『Going High!』や『The Short Second Life of Brian Tanner』が両リストに登場する一方で、『The Secret Matter』『Diary of a Shy Boy』『Elf on the Lake』はリストAのみに登場する。さらに、シリーズもののマンガ作品は両リストで売れ行きが好調であることもわかった。

2. 消費者動向

リストAの第1位と第3位は自伝作品であったが、リストBでは全くランク入りしなかった。注目すべき点は、前大統領Benet Roserhillの回想録『Here Comes the Moment』がリストAで第1位であったが、リストBではランク入りしなかったことだ。イギリス出身の故Sharon Woodruffによるスリラー『Don't Beat around the Bush!』は若者に人気があり、リストBで第1位であったが、リストAでは第9位であった。このことから年配者は店舗で本を購入し、若者はオンラインで購入する傾向があることがわかる。

我々の当初の予想に反して、2011年度は若者向けの本が売れ行き好調でした。若者にアピールするために、オンラインによる販売促進活動に重点を置くべきだと思われます。この件についてさらに議論するために1月29日にミーティングを開きます。

最短時間で確実に正解するための極意

1. surveyの文章の3つの構成を押さえる！

　surveyに関する文章もPart 7頻出ですが、文章のパターンはほぼ一定しており、3つのパートに分けられます。まず第1段落で①**survey そのものに関する説明**がなされた後に、②**具体的な調査結果**が紹介されます。最後に調査結果を通して③**わかったこと**と、それを受けて今後何をするかが述べられます。

2. 出だしの主人公は"survey"そのもの！ 緻密に読め!!

　surveyに関する文章では、ついつい②の調査結果のほうに目が行きがちですが、その前の①**の部分では意外と細かい点まで問われるので気が抜けません**。設問1のような「何のためのsurveyか」といった定番の問題もあれば、例えば本文に"annual survey"（毎年の調査）のような語が出てきたときに"It is conducted every year."（毎年行われる）という正解選択肢が作られることもあります。気を抜かずに読みましょう！

3. 調査結果は項目だけを読み、設問を読んで検索だ！

　具体的な調査結果を述べる中盤では、調査結果を述べた後に、「このことからこういうことが言える」という短い考察が続くのが定石です。この部分の読み方は［14］instructionsと同様、**項目だけを見て通り過ぎ、設問を見て該当箇所を検索するという読み方**をしましょう！　結局設問に関係ない部分は放っておきます。設問2は「thrillers」に関する問いなので、**この語が使われている2つ目の項目の後半のみを見ればよい（1つ目の項目は読む必要はなかった！）**のです。

4. 締めは「わかったこと＋今後どうするか」!

　調査結果の紹介が済むと、その結果を受けて「わかったこと」と、そのために「今後どうするか」が書かれて文章が終わります。例題では「わかったこと＝若者向けの宣伝はオンラインに焦点を当てるべき」で、そのために「今後すること＝この点について話し合うために1月29日に会議を開く」の2点をカッチリ押さえます。設問3は、この両方のポイントを押さえているかどうかを試すものでした。

　さてみなさん、いかがでしたでしょうか？　これで「頻出15パターン」の学習はすべて終了です。本当にお疲れさまでした。ここまでの内容を読んでこられたみなさんは、Part 7頻出の文章や問題を最短時間でクリアーする方法を身につけたことになります。しかし、これだけでは満点を達成するには不十分です。次の第3章では、みなさんの満点奪取をあと1歩のところで阻止するような「難問」を集中的に特集し、その攻略法を明らかにしていきます。「頻出事項を最短時間で攻略し、かつ難問を確実に攻略する」…この2つを実現して、はじめて満点獲得が可能になるのです。ここで立ち止まっている場合ではありません。ぜひ引き続き第3章の学習に取り組んでくださいね！

　　　　Let's enjoy the process!（陽は必ず昇る！）

第3章

難問・誤答・正答の正体はこれだ！

難問・誤答・正答の正体はこれだ！

　第3章では、Part 7で出題される問題の中でも、990点満点獲得を目指すみなさんにぜひ乗り越えていただきたい「難問」に焦点を当てて、その攻略法を伝授していきます。この章の内容をマスターすれば、Part 7のあらゆる難問の攻略法が身につき、素早く正確な解答力が養われ、夢の満点突破の可能性がぐーんと高まることでしょう！

　まずは、Part 7の概要と最新の傾向をご説明します。常に進化を続けているTOEIC Part 7の最新傾向を十分に知った上で、具体的な攻略法を身につけていきましょう！

●Part 7の全体像とは!?

　Part 7の構成は以下の2つに分かれています。

- [シングルパッセージ] 1つの文章を読んで問題に答える：9文章、問題数28
- [ダブルパッセージ] 2つの文章を読んで問題に答える：4セット、問題数20

[シングルパッセージ]

　設問番号153〜180の「シングルパッセージ」では、1つの文章を読んで問題に答えていきます。文章は9つ出題されます。1つの文章に対する設問の数は次の通りです。

◎1つの文章に対する設問の数

1つの文章につき2問	3文章
1つの文章につき3問	3文章
1つの文章につき4問	2文章
1つの文章につき5問	1文章

第3章　難問・誤答・正答の正体はこれだ！　123

　このうち、1つの文章に対して**2問しかつかない**パターンはPart 7の序盤に登場します。文章は100 words前後と短く、問題も素直に解答できるものが多いのが特徴です。おそらく600点前後の受験者を上下に振り分けるための問題と考えられますので、990点満点を目指すみなさんは素早く解いて先を急ぎましょう。

　一方、1つの文章に対して**5問がつく**パターンはシングルパッセージの終盤（170番台）に1回だけ登場します。これは大変な難問です。まず文章自体が非常にtoughで、3～4つのパラグラフで構成される300 words前後の本格的なletterやarticleを読むことになります。問題も**細部を細かく検討させる問題から、広い範囲を検討して解かなければならない問題までバラエティーに富んでいます**。まさにシングルパッセージの最大のヤマ場となる出題であり、この文章を素早く完全解答することが満点獲得の必須ポイントであるといえるでしょう！

　さて、シングルパッセージのメインとなるのが、1つの文章に**3～4問**がつくパターンです。第2章で紹介したような文章が150～250 wordsの標準サイズで出題されます。問題も見た瞬間に解けるものから上級者でも迷うものまでバラエティーに富んでおり、「**易しい問題や頻出の定番問題を素早く解き、（本章で紹介するような）難問にしっかり時間を割いて取り組む**」という具合に、メリハリをつけて解くことが大切です。

[ダブルパッセージ]
　設問番号181番以降には、互いに関連する2つの文章を読んで問題に解答する形式（ダブルパッセージ）が登場します。2つの文章のセットが4セットあり、それぞれのセットに5つの設問がついています。ダブルパッセージで出題される問題のパターンは次の通りです。

◎ダブルパッセージの問題パターン（5問×4セット＝全20問）

1. 1つ目の文章だけを読んで解く問題	約8問（40%）
2. 両文参照問題	約5問（25%）
3. 2つ目の文章だけを読んで解く問題	約5問（25%）
4. 語彙	2問（10%）

前の表の1位、3位、4位を見ていただければわかるように、ダブルパッセージの問題（全20問）の**約65%（13問程度）は片方の文章のみを検討して解く問題**です。文中の単語と同じ意味の単語を選択させる語彙問題も20問中2問出題されます。一方、ダブルパッセージのヤマ場である**両方の文章の内容を検討して解く「両文参照問題」**は20問中約5問出題されます。両文参照問題は1セット中に1問も出ない場合もありますが、**1セット中に2問出る場合もあります。**

　ダブルパッセージを解答する際に大切なことは、次の2点です。

|攻撃ポイント|　ダブルパッセージ|
①1つ1つの問題が、**どちらのパッセージに関する問題かを見抜く**
　→設問中の"According to the［文章の種類］"や「具体的な表現」に注目し、どちらの文章に目をつけて解くのかを素早く見抜く！
②1つ1つの問題が、**両文参照問題かどうかを見抜く**
　→片方の文章だけでは解決できないことを素早く見抜き、もう片方の文章も確認して解く！

　片方の文章を検討するだけで解ける問題は、検討すべき文章を特定して素早く解く！　一方で両文参照型の問題は**片方の文章だけでは解答できないことを見抜き**、落ち着いて2つの文章を検討して解いていきましょう。詳しくは本章の第1節「難問のパターンはこれだ！」の（5）「両文参照」型でご説明します。

●Part 7 最近の傾向とは!?

　TOEICという試験は常に進化を続けています。『TOEIC® TEST 新公式問題集 Vol.4』が発売された2009年夏以降のPart 7における注目すべき傾向として、次の2点が挙げられます。

第3章　難問・誤答・正答の正体はこれだ！　125

> ①「読ませる」傾向
> ②「揺さぶる」傾向

①「読ませる」傾向

　以前の TOEIC では、問題を見て、関連する箇所を本文中から要領良く見つけ出すだけで解答できる問題が比較的多く出題されていました。しかし現在では、**本文の一部分に注目するだけでは解答できず、広い範囲を検討して解かなければならない問題**の割合が確実に増加しています。本章第1節で紹介する（1）「宝探し」型の問題数の多さが、この傾向を如実に表しています。

　さらに、**文章自体の長文化**も見逃せません。長く複雑な article や、各項目内の語数が多い表や箇条書きなど、手ごたえのある文章が多く見られるようになりました。また、ダブルパッセージの文章の組み合わせも、以前に比べて［表］＋［文章］の組み合わせが減少し、**[文章]＋[文章]の組み合わせが増加**した結果、受験者の読む負担は確実に増えました。

　つまり以前に比べて、**本文を読めている人と読めていない人をはっきりと選別しようとする問題作成者側の意図**が、より鮮明になってきたといえるでしょう。

②「揺さぶる」傾向

　①の傾向に加えて、さらに受験者を上下に分けるための仕掛けが「揺さぶり」です。これは、問題を検討するために**本文の前のほうと後ろのほうを行ったり来たりさせて、受験者の目を揺さぶる仕掛け**です。効率の悪い解き方をしていると、文章中で徹底的に揺さぶられて「迷子」になってしまいかねません。これに関しては本章第1節の（2）「揺さぶり」型で改めて扱いましょう。それでは、次ページからはいよいよ、巧みに進化を続けている問題の実態と、その攻略法を明らかにしていきましょう！

[1]TOEIC Part 7 難問のパターンはこれだ！

●「トレジャーハンター」になりきる！

　Part 7では、極端に専門的な文章も、難解な語彙も出題されません。Part 7における「難問」とは何か？　それはズバリ、**正解選択肢を決定する根拠（＝正解の根拠）が本文中に見つかりにくい問題**を指します。このような難問を解くための最も効率の良い対策は、**正解の根拠を見つけにくくするために問題作成者が使用する「トリック」を事前に知り尽くした上で、徹底した演習を行う**ことです！　本節ではその「トリック」を以下の5つに分類しております。

◎解答の根拠が見つかりにくくなるトリック
(1)「宝探し」型……**広すぎてシンドイ！**
(2)「揺さぶり」型…**あっちに行ったりこっちに来たり…**
(3)「ひっそり」型…**あれ!?　どこに書いてある？**
(4)「2段階」型……**さらにもう1歩！**
(5)「両文参照」型（ダブルパッセージ）

　ところで、このような方法を駆使して隠された正解の根拠を探す時に、まさか本文全体を闇雲に読もうとする方はいませんね？　それでは問題作成者のトリックにハマり、広大な英文の海の中を意味もなく漂流することになるでしょう。**まずは設問・選択肢の情報を頼りに本文中の捜索範囲を絞る**ことから始めましょう。その絞った範囲を集中的に探索するのが、デキる「トレジャーハンター」の態度なのです！

◎あらゆる難問に共通する**絶対的鉄則!!**
　設問・選択肢の情報を頼りに、正解の根拠を探す範囲を絞る！
　　→その範囲を集中的に検討する！

第3章　難問・誤答・正答の正体はこれだ！　127

それでは、5つの「トリック」を順番に検討していきましょう。

（1）「宝探し」型…広すぎてシンドイ！

あなたは今、広い広い大海原を小さな船で航行しています。海底のどこかに埋もれた、美しい「秘宝」を探して…その様子を思い浮かべてみてください。途方もなく大変であることは想像に難くないでしょう。「宝探し」型の問題とは、問題に答えるために**検討しなければならない本文中の範囲が非常に広いために、正解の根拠を見つけるのに時間と労力を要する**問題を指します。この型を取る問題の代表例は、以下の3つです。

---

①「言及」型…「本文中で何と言われているか」を問う問題
- ①-1　［文章］の中で何と言われているか
  What is mentioned in the form/notice/advertisement ［文章の種類］?
  「フォーム／告知／広告の中で何と言われていますか」
- ①-2　X［文中の名詞］に関して何と言われているか
  What is mentioned about X［文中の名詞］?
  「Xについて何と言われていますか」

②「**NOT**」型
　What did customers **NOT** receive?
　「客が受け取らなかったのは何ですか」

③文章量の多い表・箇条書きの中から該当箇所を探す問題

　これらの問題では、本文の広い範囲を検討することが求められます。確かな指針を持って正解の根拠を探さなければ、本文という大海原でいたずらに時間を浪費することになります。それぞれのパターンに対して、正解という「秘宝」に効率良くたどりつくための指針を身につけましょう！　それでは以下で具体的に見ていきましょう。

①「言及」型

　「言及」型の問題とは、設問に"mention, indicate, refer to"などの動詞を使って「**本文中で何と言及されているか（＝何と書かれてあるか）**」を問う問題を指します。「言及」型の問題はPart 7の問題全体の約15％を占め、**Part 7で最も多く出題されるタイプの問題**であるといえます。この型の問題はさらに2つの種類に分けられます。

　①-1「[文章]の中で何と言われているか」はまさに文章全体が検討範囲になる問題です。このような問題では、まずは**選択肢中の具体的な表現を頼りに、それに関連する内容が本文中のどのあたりに書かれているかを探し出し、検討しましょう！**　こうした作業を最大で4つの選択肢についてやらねばならないので、効率良く対処しないと多くの時間・労力を消費してしまいます。

攻撃ポイント　「言及」型1：「[文章]の中で何と言われているか」
　選択肢中の具体的な表現に注目し、本文の捜索範囲を絞る
　　→その箇所を集中的に検討
　※ただし、1つ目か2つ目の選択肢が明らかに正解とわかった場合は、
　　それ以降の選択肢は無視して次の問題に移る！

---

　①-2「**X**[文中の名詞]に関して何と言われているか」は本文中に出てくる名詞（X）に関して正しく述べている選択肢を選ぶ問題です。この問題を見たら、**文章中でXに関して触れている部分の範囲をまず特定しましょう！**　Xに言及する範囲が1パラグラフ内で収まっている場合もあれば、複数のパラグラフにまたがっている場合もあります。ここで注意すべきは、**Xが文章の「主人公」**（第2章「[6] article ①」の項参照）**である場合**です。Xが「主人公」の場合、本文のかなり広い範囲が検討箇所になる上に、さりげない修飾語が正解の根拠になる時もあります。

第3章 難問・誤答・正答の正体はこれだ！

> **攻撃ポイント** 「言及」型2：「X［文中の名詞］について何と言われているか」
> 1. まず、Xについて本文中で触れている範囲を特定する
> 2. 選択肢を検討する際は、その範囲内を集中的に検討する
> ※ Xが文章の「主人公」である時は、特に注意！

それではここで、「宝探し」型の中でも最頻出の①「言及」型の問題に取り組んでみましょう。いかに素早く正解の根拠を突き止めることができるかを意識して取り組んでください！

なお、第3章のトレーニングにおいては、選択肢が3つのものと4つのものとがあります。これは実際のTOEICの問題にあるような論外の選択肢を省いた結果で、問題箇所によってはtrickyな選択肢を作れる量が異なることからそうなっています。そのため、非常に効果的な難問対策トレーニングになっています。

「宝探し」型の難題にチャレンジ！①

Cancellation Policies

For all registrations that occur through TDS (via our online registration system or by phone), cancellations more than 30 days prior to the start of the camp will be subject to a $15 service charge. Cancellations requested between 8 and 30 days prior to the start of the camp will be subject to a $40 service charge. No refunds will be given for cancellations inside of 8 days prior to the start of the camp.

If a camp has met minimum enrollment numbers, you may switch your child to another camp with no penalty. If the camp has not met the minimum enrollment numbers, you must cancel your registration in that camp (no service charge) and then may re-register for another camp date at the normal rate, or you will be offered the option of a full refund.

Should your child be removed from a camp due to behavioral issues, there will be no refund.

[設問] **In what case does the notice say a full refund is given?**
(A) Cancellation is made soon enough.
(B) The camp falls short of a quorum.
(C) The child behaves badly.

〈ポイント〉
　本文に目を通す前に、設問をチェックしましたか？　**まずは設問を見て、本文中で見つけ出すべき情報が何なのかを明らかにして**から本文に取り組みましょう。このことは、宝探しの基本です！

第3章 難問・誤答・正答の正体はこれだ！ 131

　この設問では、設問文中の「full refund」(全額返金)に注目し、それについて**本文で述べられている部分を特定します**。すると、その箇所は第2段落2文目しかないことがわかります。そこから(**B**)「**キャンプが定足数に満たない**」が正解と判断できればトレジャーハンティング終了です！ なお、選択肢(B)の中の"quorum"(定足数)という語を知らなかったという方も、あきらめる必要はありません。選択肢の意味がよくわからない場合や、その選択肢の正誤判定に迷う場合は、**その選択肢は即座に保留して他の選択肢の検討に回ることで、時間の浪費を最小限にしましょう**。すると、(A)「キャンセルはすぐに行われる」も(C)「子どもの行儀が悪い」も検討箇所に記述がないので明らかに不正解と判断し、残った(B)を正解とすることができます。
〈正解〉(**B**)

〈訳〉

キャンセル規定

　TDSを通じて行われたすべての登録(当社のオンライン登録システムや電話登録)について、キャンプの開催日の30日より前に取り消しが行われた場合には、15ドルの手数料が課されます。キャンプの開催日の8日前から30日前の間になされた取り消しには、40ドルの手数料が課されます。キャンプの開催日の8日以内に行われた取り消しについては、一切の返金をいたしません。

　キャンプが最小催行人数に達している場合は、ペナルティーなしでお子様を他のキャンプに移すことが可能です。キャンプが最小催行人数に達していない場合は、そのキャンプへの登録を取り消し(手数料無料)、他のキャンプへ通常料金で再登録することが可能です。あるいは、全額返金を選択することも可能です。

　お子様の素行に問題があってキャンプから除隊を申し渡された場合、返金はいたしません。

　いかがでしたか？ これで**Part 7**最頻出の①「言及」型の説明は終わ

りですが、「宝探し」型にはあと2つのパターンが存在します。そのいずれも①「言及」型に決して劣らない頻出パターンですので、気合いを入れてマスターしてください！

②「NOT」型

「NOT」型は、Part 7の問題の約10%が該当します。4つの選択肢のうち、誤った内容の選択肢が1つだけあり、残り3つが本文の内容に合致します。NOT型の問題を解答する際は**3つの選択肢の内容が本文中に書かれていることを確認し、残った1つの選択肢を正解と判断すること**をお勧めします。いわゆる 消去法 を使うのですが、本文中に「書かれていない」ことを確認するよりも、**本文中に「確かに書かれている」こと**を確認するほうが Part 7では確実です。

攻撃ポイント 「NOT」型
1. 設問を読んで、関連する本文中の箇所を特定する
2. 3つの選択肢の内容が本文中に書かれていることを確認
　　→残った1つの選択肢が正解
※ただし、1つの選択肢の内容が文中に書かれていないことが**あまりにも明らかな場合は、即座に正解と判断して先の問題に進んで**よい。

---

③文章量の多い表・箇条書きの中から該当箇所を探す問題

これは、設問で問われている情報を表・箇条書きの中から探し出す問題です。第2章「［14］instructions」の項でも述べましたが、表や箇条書きの隅々まで読み込むのは時間の無駄です。まずは項目や小見出し部分のみに目を通し、**設問で問われている語句を表・箇条書きの中で検索して解答**しましょう。最近では表・箇条書きの各項目内の文章が長い場合が増えていますが、その全体を無目的に読んで時間を浪費しないように注意しましょう！

第3章 難問・誤答・正答の正体はこれだ！ 133

> | 攻撃ポイント | 表・箇条書きから情報を探す問題
> 1. 表・箇条書きの見出しや項目名のみ目を通しておき、設問を見る
> 2. 設問で問われている語句を表・箇条書き内で**検索して**解答する
> ※くれぐれも解答に不要な部分で時間を浪費してしまわないように！

　それではここで、「宝探し」型のもう1つの問題に取り組んでみましょう。英文がさらに長くなっていますが、解答する際は**いかに効率良く答えを見つけるか**を意識してください。用意はいいですか？　レッツ・チャレンジ！

「宝探し」型の難題にチャレンジ！②

MNK W28461GL White Washing Machine
This MNK washing machine boasts 25 programmes that will definitely meet the demands of its users: from families to large organizations. The extra functions include super rinse, variable spin and temperature, and quick wash for when you're in a hurry. The integrated washing machine scored an 'A+' for energy efficiency and jet stream technology, which saves you a lot of energy and money. The model features a digital display and a delay start timer to let your washing machine know when to switch on and off. The machine has a maximum of 1400rpm spin speed, and a large door design for easy loading and unloading.

Getzen ZW5101 6KG White Washing Machine
The white Getzen ZW5101 washing machine is a great choice if you are looking for value as well as high performance. With its 6kg maximum load, 1300rpm high spin speed and excellent A+ energy efficiency rating, the Getzen ZW5101 makes a great choice for families. The ZW5101 cleans a 3kg load in almost half the time of a 6kg load. Simple-to-use electronic control attached.

Zealpot QD982I Washing Machine
This model has been awarded with the 2010 Eco Tech Icon of the Year as an A+ Energy Rating model. Additionally this model has been endorsed by the world's leading authority on all wool items. Extra gentle agitation and low spin speeds help to eliminate any friction between the fibres of wool garments. This machine also features a right side 180 degree opening for easy loading and unloading.

[設問] **What feature do the three machines have in common?**
(A) Easy loading and unloading
(B) High speed performance
(C) Energy efficiency
(D) A wide display

第3章　難問・誤答・正答の正体はこれだ！　135

〈ポイント〉
　この例題の文章の長さに圧倒された方もいるかもしれません。これは3つのものを「箇条書き」形式で紹介するタイプの文章なので、**まずは太字の項目名だけを見て設問に目を移し、設問で問われている語句を箇条書きの項目内で検索すればOK**です！　この問題では、3つの洗濯機の名称が箇条書きの項目名になっていることさえ確認すれば、詳細な商品説明のすべてをきっちり頭に入れる必要はありません。あとは**設問の選択肢に並ぶ1つ1つの特長について、各項目内に記述があるかどうかを検索**し、すべての項目に記述がある選択肢が正解であると考えます。それでは（A）から順番に検討してみましょう。
　（A）「**（洗濯物の）容易な出し入れ**」を検索すると、1つ目と3つ目の項目の末尾には書かれていますが、2つ目の項目では触れられていません。
（B）「**ハイスピード洗濯**」は1つ目の項目の最終文 "a maximum of 1400rpm spin speed"（最高毎分1400回転）、2つ目の項目の2文目 "1300rpm high spin speed"（毎分1300回の高速回転）が該当しますが、3つ目の項目では触れられていません。(C)「**エネルギー効率**」についてはすべての項目内でエネルギー効率の評価が "A+" であることが書かれているので、これが正解です。この段階で（D）「**大きな表示**」を検討するまでもなく正解が決まりましたが、念のため（D）も検討してみると、display について触れているのは1つ目の項目の4文目だけで、しかも display の大きさについては全く触れていないため、display が "wide" であるとまでは言えません。このような、「**本文からは●●とまでは言えない**」**というパターンの不正解選択肢**は Part 7 の典型的な引っかけ選択肢ですので、本文確認を徹底して誤答を回避しましょう！
〈正解〉**(C)**

〈訳〉

MNK W28461GL White Washing Machine

　このMNKの洗濯機は、ご家庭から大きな組織に至るユーザーのあらゆる要求に必ずお応えする25のプログラムが自慢です。特別な機能には、スーパーすすぎ、様々な回転・温度設定、そしてお急ぎの場合の光速洗濯などがあります。この洗濯機は評価A+のエネルギー効率とジェットストリームテクノロジーが備わっており、エネルギーとお金を大いに節約できます。この洗濯機はデジタル表示画面と、洗濯開始と終了時刻を指定できるタイマー機能がついています。最高毎分1400回転数と、洗濯物の出し入れを容易にする大きな取り出し口も特徴です。

Getzen ZW5101 6KG White Washing Machine

　白いGetzen ZW5101洗濯機は、高い性能と価値を求めるあなたにとって素晴らしい選択です。最大6kgの容量、毎分1300回の高速回転、A+の評価を受ける素晴らしいエネルギー効率を持つGetzen ZW5101は、ご家庭にとって素晴らしい選択です。GZW5101は、3kgの洗濯物なら、6kgの半分の時間で洗濯します。操作が簡単なリモコンつき。

Zealpot QD982I Washing Machine

　この洗濯機は評価A+のエネルギー効率の機種として、2010年のEco Tech Icon of the Yearを受賞しました。さらに、羊毛製品の世界的権威の方にもご評価いただいております。非常にゆるやかな低速回転によって、羊毛製の衣類の繊維が擦れ合うのを防ぎます。この洗濯機は取り出し口が右側に180度開き、洗濯物の出し入れが容易に行えます。

　みなさん、お疲れさまでした。これで「宝探し」型はすべて終了です。いきなりボリュームのある内容で大変だったと思いますが、実際のTOEICでは最もよく出題される難問パターンですので、ここまで読まれたみなさんは**確実に満点獲得に近づいているはずです！**　それでは、コラムをはさんで、次のパターンに挑戦してみましょう。

第3章 難問・誤答・正答の正体はこれだ！ 137

コラム　TOEIC Part 7 の正答パターンはこれだ！①
一般化＆サマリー型（1）

　Part 7の正答パターンは、大きく分けて、
1. 事例の一般化＆サマリー型（具体例を概念的にまとめる）
2. Imply 型（行間を読む必要があるパターン）
3. 裏返し型（仮定法などひっくり返せばわかるパターン）
4. 類語言い換え型（同じような意味の言葉で置き換えているパターン）

の4つがあります。

　1は全体の約3分の1を占め、TOEIC、英検を始めとするあらゆる英文読解問題に非常に多いタイプです。特に中級レベルの問題にはこのタイプが多く見られ、これに慣れないとなかなかAランク（860点）が突破できずスコアは伸び悩みます。

　2、3は、中級以上の難易度の高い問題に多いタイプで、それぞれPart 7の問題全体の約20％を占めます。読解の得意な人には簡単で、英語の問題というより「読解力」の問題といえるでしょう。

　4は語彙力を要するものが多く、読解問題の核となるもので、正答の半分以上は類語で言い換えられています。

　あとはこの4つのタイプの複合型で、組み合わせれば合わせる程、難易度が高くなっていきます。語彙力があるのに、パート7の苦手な人がいますが、それは読解力や注意力が弱いことが多いのです。こういった正解のパターンを知れば一瞬で答えがわかるので、以上のことをふまえて問題練習をしていけば克服することができます。

　ここでは、「事例の一般化＆サマリー型」の形を取る設問・本文・選択肢のパターンを具体的に見ていきましょう。

1. 設問：What is the main purpose of this e-mail?
   本　文：I would like to ① invite you to speak to our marketing staff at ② this year's conference.
   選択肢：To extend an invitation to speak at an event
   ＊②を an event で「一般化」し、①を extend an invitation to speak で「類語言い換え」したパターン。

2. 設問：What is the purpose of the e-mail?
　　本文：All the current <u>water meters</u> in this area will be <u>converted to allow for automatic meter reading</u>.
　　選択肢：To notify customers of an equipment modification
　　＊water metersをequipmentで「一般化」し、converted以下をmodificationで「類語言い換え」したパターン。

3. 設問：What is scheduled for March?
　　本文：They <u>plan to</u> <u>add the new equipment to the existing water meters</u>.
　　選択肢：Equipment will be installed.
　　＊plan toをwillで言い換え、add以下をbe installedで「一般化」したパターン。

4. 設問：According to the announcement, what will be the style of the workshop?
　　本文：<u>Working in groups, participants will talk about how to develop skills</u>.
　　選択肢：Group discussion
　　＊下線部をサマリーしたパターン。

5. 設問：What does Ms. White request?
　　本文：What <u>do I need to do to make sure I get the special rate</u>?
　　選択肢：Information about discounts
　　＊get the special rateをdiscountsで言い換え、それ以外は「一般化した」パターン。

6. 設問：What does the e-mail suggest about business growth?
　　本文：Even after doubling my workforce, I <u>still had trouble keeping up with the steady flow of questions about products, invoices, and delivery times</u>.

第3章 難問・誤答・正答の正体はこれだ！　139

選択肢：It can affect customer service.
＊下線部「（顧客）の様々な質問に対応しにくい」をサマリーして imply し、行間を読ませるという難問パターン！

　みなさん、いかがですか。このように読解問題で頻出の、具体例を概念化しサマリーした選択肢のパターンを知り、即座に言い換えを見抜くことが、Part 7 の読解問題を素早く解いて高得点を取るための秘訣です。

(2)「揺さぶり」型 …あっち行ったりこっちに来たり…

「揺さぶり」型の問題とは、正解の根拠を**設問番号の順序に関係なく本文中に散りばめる**ことによって、受験者の目を本文の前の部分と後ろの部分を行ったり来たりさせるように作成された問題です。例えば1文章につき3問がつく問題では、次の表のようになります。

◎各設問の正解の根拠が書かれている本文中の箇所

	通常の問題	「揺さぶり」型の問題
問1	文章の前半	文章の後半
問2	文章の前半 or 中盤	問1の正解の根拠よりも前の部分
問3	文章の後半	文章の前半

いかがでしょうか。通常の問題では、本文の流れに沿って解答していけばいいのに対して、「**揺さぶり**」**型では本文の前半と後半を行ったり来たりしている**のがわかるでしょう。正解の根拠を探す際は勝手な思い込みを持つことなく、設問や選択肢の具体的表現にしっかりと注目し、関連する箇所を本文中から見つけ出しましょう。

攻撃ポイント 「揺さぶり」型

前半の設問の正解の根拠が、本文の前半部分に書かれているとは限らない。逆に後半の設問の正解の根拠が、本文の後半部分に書かれているとは限らない。思い込みを持たずに解答すること！

それでは、次の問題にチャレンジ！

第3章 難問・誤答・正答の正体はこれだ！ 141

[「揺さぶり」型の難問にチャレンジ！]

The International Youth Program for Development (IYPD) has opened the door for nominations for the IYPD International Prize for Pioneering Human Development Projects. It invites international and regional organizations as well as NGOs, public institutions, universities, and research centers worldwide to submit their nominations for the Prize amounting to $500,000. The theme of the Prize for the year 2011 is "Empowering Youth through Entrepreneurship and Job Opportunities."

The projects submitted for the Prize are evaluated with high objectivity and transparency by about 20 juries chosen every year with regard to the experience and specialization relevant to the prize theme. The number of projects which have won the Prize since its inception in 1995 amounts to 38 projects. Those projects have been implemented by international organizations as well as NGOs and individuals. More than one hundred developing countries in Asia, Africa, Latin America, and Eastern Europe have benefited from the Prize.

For more information and for downloading the nomination form, please visit the IYPD website: www.IYPD.org. Nomination forms will be accepted until May 31, 2011.

［設問1］ **How many projects have won the Prize?**
(A) 20
(B) 38
(C) more than 100

［設問2］ **What can be inferred about the Prize?**
(A) The Prize is given every year.
(B) The Prize is less than ten years old.
(C) The application form is available by mail.

〈ポイント〉
［設問1］
　選択肢の数字はいずれも本文中に登場します。**まず、設問の「プロジェクトを受賞した」という内容を示す部分を本文中から探し出して検討範囲を絞ると**、第2段落2文目の "The number of projects which have won the Prize ... amounts to 38 projects."（受賞したプロジェクトの数は38にのぼります）に注目し、(B)「38」が正解と判断します。

［設問2］
　設問で問われている "the Prize" が本文のすべての部分に関連するので、**設問1の正解の根拠より前の部分も、当然検討範囲に含まれることを念頭に置きます。この問題のように検討箇所が極端に広い場合は、1つ1つの選択肢の内容と関連する部分を本文中から探し出します**。
　(A)「賞は毎年授与される」は本文中に直接書かれていませんが、"every year" を本文中で検索すると、第2段落1文目に、"by about 20 juries chosen every year"（毎年 選ばれる約20名の審査員によって）とあり、賞の選考は毎年行われると推測できるので正解です。参考までに、「**推測問題は消去法**」の原則に基づいて他の選択肢を見てみます。
(B)「**その賞は設立から10年未満である**」とありますが、第2段落2文目に "its inception in 1995"（1995年の創設）とあり、現在の年は、第1段落の最後に "The theme of the Prize for the year 2011"（2011年の賞のテーマ）とあるので、2010年か年が明けて2011年と考えられるので、2010-1995＝15年で、設立から最低でも10年以上は経過していると判断できます。**暗算程度の計算は Part 7 でも要求されることがあります**。(C)「**応募用紙は郵送で入手する**」とありますが、応募方法に関する情報はたいてい**本文最後**に書かれており、応募用紙はウェブサイトからダウンロードされることがわかるので誤答です。
〈正解〉［設問1］**(B)**　［設問2］**(A)**

第3章 難問・誤答・正答の正体はこれだ！　143

〈訳〉

　国際青年人材開発プログラム（IYPD）は、IYPD主催、時代を切り開く人材育成プログラムのための国際賞への応募の受付を開始しました。私たちは世界中のNGO、公共団体、大学、研究所だけでなく、国際的な団体や地域の団体の皆様にも、総額50万ドルの賞金獲得を目指して応募していただきたいと思います。2011年の賞のテーマは、「起業と就業機会を通して若者に活力を」です。
　ご提出いただいたプロジェクトは、賞のテーマに関係する経験と専門性を備えた、毎年選出される審査員約20名によって、厳正なる客観性と明白さをもって評価されます。1995年に賞が創設されて以来、賞を獲得したプロジェクトの数は38にものぼります。これらのプロジェクトは、NGOや個人あるいは国際的な組織によって実行されてきました。アジア、アフリカ、ラテンアメリカ、東欧の100を超える途上国が、この賞を通して恩恵を受けてきました。
　詳細な情報や応募用紙のダウンロードは、IYPDのウェブサイト（www.IYPD.org）にお越しください。応募用紙は2011年5月31日まで受け付けます。

　いかがでしたか。この例題のように検討箇所が本文中のあちらこちらに散らばっていても、落ち着いて対処できるようになってください！

コラム

TOEIC Part 7 の正答パターンはこれだ！② 一般化＆サマリー型（2）

p.137に引き続き、「事例の一般化＆サマリー型」の形を取る設問・本文・選択肢のパターンを見てみましょう。

1. 設問：What does Mr. Watt ask Mr. Pak to do?
   本文：Please <u>tell</u> your entire team <u>how much I appreciate the great contribution you have made</u>.
   選択肢：Communicate a message
   ＊tell は Communicate で言い換え、how 以下は a message で「一般化」したパターン。

2. 設問：Why was the e-mail written?
   本文：I have a question regarding the programming codes you used for the company's website. <u>Could you tell me</u> ① <u>programming codes</u> and tell me ② <u>how to find the graphics</u>?
   選択肢：To request technical information
   ＊Could you tell meをrequestで言い換え、①と②をinformationで「一般化」したパターン。

3. 設問：What is indicated about the company?
   本文：We are <u>moving our headquarters to Geneva</u>.
   選択肢：It is relocating.
   ＊moving 以下を relocating で「一般化」したパターン。

4. 設問：What is suggested about Kensington's?
   本文：Kensington's is <u>offering</u> 30% off the price of our <u>T503 music player</u>.
   選択肢：It sells electronic equipment.
   ＊T503 music player を electronic equipment で「一般化」し、offering ということは sell していることであると行間を読ませ

第3章　難問・誤答・正答の正体はこれだ！　　145

る問題。

5. 設問：How will the collected money be used?
   本文：It will <u>cover the cost</u> for <u>installing new ventilation systems in the community center</u>.
   選択肢：To renovate a building
   ＊本文の cover the cost を、設問では the collected money be used で言い換えている。また、本文の installing 以下を選択肢では renovate a building（ビルを改装する）で「一般化」したパターン。

6. 設問：For what will Mr. Kahn be responsible?
   本文：As an engineer, he <u>is expected to</u> <u>check the accuracy of the product descriptions in our new catalog</u>.
   選択肢：Reviewing technical information
   ＊まず本文の is expected to が、設問では be responsible for で言い換えられている。本文の check を選択肢では reviewing で言い換え、the accuracy 以下は、technical information で「一般化」したパターン。

7. 設問：What is the purpose of the memo?
   本文：<u>Please join us</u> in the Conference Room B <u>for a celebration in honor of Ashley Cruise</u>.
   選択肢：To announce a party
   ＊Please join us ～ for … で、announce していることを読み取らせ、a celebration 以下は a party で「一般化」したパターン。

8. 設問：What is the purpose of the letter?
   本文：We would like to <u>thank you for being a loyal WMP Credit Card customer by offering you the WMP Travel Card</u>, an exclusive benefit available only to members.
   選択肢：To advertise a credit card

＊thank you for ～ by offering ... でadvertiseしていることを行間から読み取らせ、the WMP Travel Card を a credit card で「一般化」した難問パターン。

9. 設問：What does Ms. Pak mention as her qualification?
   本文：I believe I could do a good job because <u>I attended the job fair myself before being hired two years ago</u>.
   選択肢：Previous attendance as a job seeker
   ＊下線部を previous attendance で「サマリー」したパターン。

第3章　難問・誤答・正答の正体はこれだ！　147

(3)「ひっそり」型…あれ!?　どこに書いてある？

　「ひっそり」型とは、**問題に対する直接的な答えが本文中に明記されていない**タイプの問題です。p.141の「揺さぶり」型の設問2の選択肢（A）では、本文中には直接記述されてはいないけれども、**関連する箇所の記述から論理的に推測できるので正しい**と判断しました。このように、「ひっそり」型の正解の根拠は本文中に明記されていないため、うっかりしていると見過ごしてしまいますので注意しましょう！　この型の問題は、次の2つに分けられます。

---

①「推測」型
- ①-1　X［文中の名詞］に関する推測
  What **is implied / suggested** about X?
  （X について何が推測されますか）
- ①-2　動作に関する推測
  What will Mr. Smith **most likely** do on December 3?
  （Smith 氏は12月3日に何をすると思われますか）
- ①-3　文章全体に関する推測
  What **is implied** in the memorandum?
  （このメモでは何が示唆されていますか）

②「パラフレーズ」型
　設問の表現が、**本文中の表現の言い換え（パラフレーズ）になっている**

---

　①「**推測**」**型**の問題とは、本文中の内容から論理的に言える内容の選択肢を選ばせる問題です。ここで大事なのは、問題に対する直接的な答えは本文中には明示されておらず、**本文中に書かれている内容から論理的に答えを導かなければならない**ということです。とはいえ、TOEICで求められるのは**非常にシンプルな論理力**に過ぎません。この「推測」型には3つのタイプがありますので、タイプ別に例題を通して検討してみましょう。

①-1　X［文中の名詞］に関する推測

>［「ひっそり」型の難問にチャレンジ！①］
>
> Owen Wine & Specialty (OWS) continues to motivate and inspire hospitable wine makers in both America and Canada by holding its annual Wine Rally, now in its 4th year. The Wine Rally is a competition among the restaurant and bar service staff designed to educate them on the various aspects of wine, from its origin to its composition, including terminology, and taste. Aside from competing for cash prizes that are disbursed during the "Happy After Hours" events, four lucky winners of the Wine Rally will be flying to Veneath Valley on September 18 to visit the wineries in Europe.
>
> ［設問］ What is implied about Wine Rally?
> (A) Some participants will go abroad.
> (B) Winners will be given cash prizes.
> (C) Renowned critics serve as judges.

〈ポイント〉

　本文中で「**Wine Rally**」に関する記述を特定し、選択肢を検討する範囲を絞ると、最後の文の Aside from 〜 the "Happy After Hours" events, の部分だけが「Happy After Hours」という別のイベントに関する記述であることがわかり、その内容を表す選択肢（B）「勝者には賞金が授与される」は不正解となります。注意点は、①「**他の名詞に関する選択肢**」は優先的に排除すること　②「**それっぽいけれども本文に記述がない選択肢**」を選ばないことの2点です。(C)「著名な評論家が審査員を務める」は、著名な評論家が審査員である可能性はありますが、**本文に審査員に関する記述がないため誤答で、勝手に想像してはいけません！**　(A)「海外へ行く参加者もいる」は、本文末尾に勝者がヨーロッパのワイナリーを訪れると書かれているので正解と判断します。

〈正解〉(**A**)

　このように、推測問題の正解選択肢は本文の記述を強く言い換えて作られます。中には「これは正解と言えるのか!?」と言いたくなるような選択肢が正解である場合も実際にあるのです。したがって、**正解選択肢よりも判定が容易な不正解選択肢を「消去」して解くほうが確実な場合が多い**ことも知っておきましょう！

攻撃ポイント　「推測」型

1. 「消去法」が基本！
　→正解選択肢の中には、判定が非常に困難なものもある
　→不正解選択肢のほうが判定が容易な場合が多い！
2. 次のような選択肢は優先的に排除！
　①他の名詞の内容に触れた選択肢
　②それっぽいけれども**本文中に記述のない内容**の選択肢
※推測はあくまで「本文の記述に基づいたもの」でなければならない。勝手な想像とは一線を画することを肝に銘じること

〈訳〉

Owen Wine & Specialty (OWS)は今年で4年目を迎えるWine Rallyを毎年開催し、アメリカやカナダでもてなしの心を持ったワインメーカーをやる気にさせ、元気づけてきました。Wine Rallyはレストランやバーのサービススタッフを対象に、ワインの起源、専門用語を含めたワインの成分、味に至るまでの様々な側面に関する教育を行うために考案されたものです。「Happy After Hours」というイベントで支払われる賞金を求めて競う以外に、Wine Rallyの4人の幸運な勝者は9月18日に、ヨーロッパのワイナリーを訪れるためにVeneath Valleyに向けて飛び立ちます。

①-2　動作に関する推測

> 「ひっそり」型の難問にチャレンジ！②
>
> Dear Mr. Schmitt,
>
> I received a call from Lucia Jusca while you were out. She said she'd like to meet you next Tuesday and talk about the proposal you had handed her last Saturday. She said she will call you again this evening.
>
> Garna Belus
>
> [設問] What will Mr. Schmitt probably do later?
> (A) He will call Lucia again.
> (B) He will talk with Lucia.
> (C) He will have dinner with Lucia.

〈ポイント〉

　この設問のように "probably / most likely" を使って**動作を推測させる問題**では、本文中に明確な正解の根拠は書かれません。実際に、問題で問われている「Schmitt氏」の行動に関する記述は一切ないのです！このような問題でも、やはり本文の記述を根拠にして、**論理的に言いきれない選択肢を**消去法**で確実に削って正解を決定**しましょう。

　(**A**) は、本文中では「she（= Lucia）」が再び電話をかけると書かれているので不正解です。(**B**) は、Lucia が再び電話をかけてくれば「he（= Mr. Schmitt）」は Lucia と会話をすると考えられますので、正解と判断します。(**C**) は、**食事に関する記述が本文中に一切ないので不正解**です。「でも一緒に食事する可能性だってあるじゃないか！」という疑問もあるでしょうが、推測型の問題ではあくまで**本文の記述から論理的に導ける選択肢のみが正解**になります。本文に書かれていないことを勝手に想像しないように！

第3章 難問・誤答・正答の正体はこれだ！ 151

〈正解〉(**B**)
〈訳〉

> Schmitt 様
>
> お出かけの間に、**Lucia Jusca** さんから電話がありました。来週火曜日にあなたに会って、あなたが先週の土曜日に彼女に提出した提案についてお話をしたいとのことでした。今日の夕方にまたお電話をいただけるそうです。
>
> Garna Belus

①-3 文章全体に関する推測

> 「ひっそり」型の難問にチャレンジ！③

Valcore Zoo: Celebrating our 50th anniversary

There are a lot of wonderful stories about the foundation and expansion of the Valcore Zoo. It's the best opportunity to look back at the impressive record of our organization and some of the events that marked turning points in our development, including the integration of our facilities into one in 1978.

We would like to say that our history began in Australia, in 1967, when Dr. Koprowsky Kenith, our founder, first saw three koalas. He was instantly enchanted by their cuteness and made a decision to make children all over the world smile by showing the small, lovely animal. He held his first exhibition in Tokyo, Japan in 1970, in which four koalas were featured. They were warmly welcomed by Japanese kids and the exhibition was held every two years at the venue. The zoo opened its sister facility in Wakayama in 1977, that would eventually develop into what we are now. Then the next year we streamlined our business and we conducted a large relocation of not only our employees but also our lovely animals including koalas, monkeys, giraffes and so forth.

[設問] **What is NOT implied in the article?**
(A) The zoo first opened in Tokyo.
(B) The zoo has two sites.
(C) The zoo started with four koalas.
(D) The zoo has many kinds of animals.

第3章 難問・誤答・正答の正体はこれだ！

〈ポイント〉

　文章全体の内容に関する問題なので、まず**各選択肢について本文中の関連する箇所を見つけて検討範囲を絞っていきましょう！**　また、本問は NOT 型ですので、消去法で解答します。

　(A)「動物園は東京にはじめてオープンした」は、"first/Tokyo"で本文を検索すると、第2段落3文目以降の内容に一致します。「東京じゃなくてオーストラリアだろう」と思った人！　第2段落1文目にオーストラリアで「はじめて」コアラを見たとありますが、動物園を開いたとまでは書かれておらず、印象だけで解答する受験者の誤答を誘うための典型的なひっかけである点に要注意です。**(B)**「動物園は2カ所ある」は、"two sites"の存在が、東京と和歌山の2カ所と考えられますが、第2段落の最後の文で「翌年（**1977年の翌年＝1978年**）に事業の効率化と移転を行った」とあり、第1段落末尾の"<u>1978年の integration（統合）</u>"に該当するので、合理化・移転の結果、現在では1カ所にまとめられていると判断します。このように、**離れた箇所の記述を統合して選択肢を検討することが要求される超ハイレベルな選択肢**が実際の TOEIC で時々出題されますが、決して無理をせず、**残りの選択肢を検討しましょう**。**(C)**「動物園は最初4匹のコアラでスタートした」は、第2段落3文目の記述に一致することを確認します。**(D)** は多くの種類の動物がいることを示す記述を探すと、本文最終部分に色々な動物が列挙されているので、本文に一致すると判断します。

〈正解〉**(B)**

〈訳〉

> Valecore Zoo：祝50周年
>
> 　Valcore Zooの設立と拡大の経緯については、たくさんの素敵なお話があります。今こそ私たちの団体の印象深い記録や、1978年に施設を1つに統合したことを含めて、私たちの発展のターニングポイントとなった出来事のいくつかを振り返る、またとない機会です。
>
> 　私たちは、1967年にオーストラリアで始まったと言わせていただきます。その年に、創始者のKoprowsky Kenith博士がはじめて3匹のコアラを目にしたのです。博士はその場でコアラの愛くるしさに魅了され、この小さくてかわいらしい動物を世界中の子どもたちに見せて笑顔になってもらおうと心に決めました。1970年、日本の東京で博士によるはじめてのコアラの展示が行われ、4匹のコアラが紹介されました。コアラたちは日本の子どもたちにとても温かく受け入れられ、この展示は同じ場所で2年ごとに行われました。1977年には和歌山に姉妹施設が創設され、これが最終的に今の状態へと発展していくことになります。その翌年に、私たちは事業の合理化を行い、従業員だけでなく、コアラ、サル、キリンなどのかわいい動物たちの大規模な移動を行いました。

　お疲れさまでした。「推測」型もかなりのボリュームでしたね。それでは「ひっそり」型の問題パターンをもう1つだけ見ていきましょう。頑張ってください！

②　「パラフレーズ」型

　②の「**パラフレーズ**」型とは、本文中に書かれている内容を別の表現で言い直して作られた問題を指します。問題を読んで、**この問題は本文のどの部分に関する問題なのか**を、言い換えに注意しながら探し出しましょう！

第3章 難問・誤答・正答の正体はこれだ！ 155

> 「ひっそり」型の難問にチャレンジ！④
>
> A Rewd George Career Development Loan is a bank loan set at a competitive interest rate that learners aged 18 years or over can use to help pay for learning that leads to work or that will improve their employability. It can be used to support any full-time, part-time or distance learning courses for up to two years, as long as the course leads to a trade, occupation or profession.
>
> Like any loan, learners must repay the money they borrow, but the Young People's Learning Agency will pay the interest on the loan while the learner is in study and for up to one month afterwards. The learner then repays the loan to the bank over an agreed period the learner chooses at a fixed rate of interest.
>
> [設問] **Which can be negotiated?**
> (A) The type of the company the learner will work for
> (B) The period of payment
> (C) The rate of interest the recipient pays

〈ポイント〉
　"can be negotiated"（交渉されることができる）という語は本文中にはありません。そこで、**本文中から"can be negotiated"と意味的に関連のある表現を探し求めましょう！**　すると、最後の文に"over an agreed period the learner chooses"（学生が選ぶ、合意された期間にわたって）とあり、返済期間は交渉の余地があると考えられますので(**B**)「**支払い期間**」が正解と判断します。(**A**)「**学習者が勤める会社のタイプ**」は、本文中では言及されておらず、正解とは判断できません。(**C**)「**受給者が払う利子率**」は本文の最終文で"fixed"（固定されている）と書かれているため不正解です。

〈正解〉**(B)**
〈訳〉

> 　**Rewd George**キャリア開発ローンは、18歳以上の学生を対象とした、仕事に結びつく、あるいは就業機会を増やすような勉学のための支払いを援助するための低利息の銀行ローンです。このローンは全日制の講座、定時制の講座、または通信教育コースなどいかなる講座であっても、その講座が商売、職業、専門性につながるものである限り、2年間まで支援いたします。
> 　他のローンと同様に、学生は融資を受けた金額を返済する必要がありますが、**Young People's Learning Agency**が、学生が就学中またはその後最大1カ月の間、ローンの利息を支払います。それから学生は学生自身が選択し合意した期間にわたって、固定された利息のついたローンを銀行へ返済していきます。

　以上で(3)「ひっそり」型の説明は終了です。とてもすさまじい内容でしたね。でも、これで難問パターンの半分以上を学習したことになります。さあ、コラムをはさんで、残り2パターンを見ていきましょう！

第3章　難問・誤答・正答の正体はこれだ！　157

コラム　TOEIC Part 7 の正答パターンはこれだ！③
類語言い換え型

1. 設問：What does the article say about free trial versions of computer programs?
   本文：Trial versions <u>can be used free of charge</u> <u>only during this week</u>.
   選択肢：They are available for a limited time.
   ＊can be used free of charge は available で「類語言い換え」し、only during this week は for a limited time で「一般化」したパターン。

2. 設問：What will happen on August 15?
   本文：It <u>plans to launch</u> an <u>epoch-making</u> game based on the book on May 1.
   選択肢：A new video game will be released.
   ＊plan to launch を will be released で、epoch-making（画期的な）を new で「類語言い換え」したパターン。

3. 設問：What is the purpose of the event?
   本文：I hope you will be able to participate in this special party <u>to get to know her and your other colleagues better</u>.
   選択肢：To allow co-workers to socialize
   ＊get to know ～ better を socialize で「類語言い換え」し、her and your other colleagues を co-workers で「サマリー」したパターン。

4. 設問：What is the purpose of the passage?
   本文：For <u>Yearly</u> <u>Physical Checkup</u>
   選択肢：To perform an annual medical exam
   ＊yearly を annual で、physical checkup を medical exam で「言い換え」したパターン。

5. 設問：What are the e-mail recipients asked to do by Thursday?
　　本文：Please <u>turn the time sheets in</u> <u>before noon next Tuesday</u>.
　　選択肢：Report their work hours for a given period
　＊turn in（提出する）を report で、the time sheets（勤務時間記録書）を their work hours で「類語言い換え」し、before noon next Tuesday を for a given period で「一般化」したパターン。

6. 設問：According to the letter, what information is available on the website?
　　本文：<u>Information on how to get to</u> the factory is available on our website.
　　選択肢：Directions to the factory
　＊下線部を Directions to で「類語言い換え」したパターン。

7. 設問：What is stated about Maryland licensed service providers?
　　本文：Consumers <u>have the right to request</u> that licensed professionals <u>verify their credentials</u>.
　　選択肢：They must show their certifications upon request.
　＊verify their credentials（資格の証明書を立証する）を show their certifications で「類語言い換え」し、have the right to request を、must show 〜 upon request（要求があり次第、見せなければならない）とした、「類語言い換え」に行間を読ませる要素を加えた難問パターン。

8. 設問：What is the purpose of the memo?
　　本文：<u>We would be grateful if staff members from ABC Corporation were willing to participate</u> in order to answer any questions potential applicants may have about these positions.

第3章 難問・誤答・正答の正体はこれだ！ 159

選択肢：To request volunteers

＊staff members from ABC Corporation were willing to participate を volunteers で「類語言い換え」と「一般化」した組み合わせ。We would be grateful if 〜は request と行間を読ませる「Imply 型」の複合難問パターン。

いかがですか。類語言い換えパターン問題は、「英英辞典」を活用しながら語彙力を UP させることによって攻略できるようになります。辞書を日々活用しましょう。

(4)「2段階」型 …さらにもう1歩！

　「2段階」型とは、問題の正解の根拠となる箇所を本文中で見つけた後、**さらに本文を読み込んで正解の根拠を具体化することを要求**する問題です。例えば、正解の根拠となる部分に<u>指示語や代名詞</u>が含まれている場合は、それらが指す内容を具体的につかむことが要求されます。また、正解の根拠に"**the＋名詞**"（その名詞）が含まれている場合も、「その名詞」とは何を指すのかを具体的に把握することが要求されます。正解の根拠を1つ見つけた上で、さらに具体的な情報を求めて文脈をたどる、という2つの段階を踏むのが「2段階」型なのです。

　攻撃ポイント　「2段階」型
　　正解の根拠となる部分に、次の語句が含まれている場合は注意
　①指示語・代名詞
　　→それらが指す内容を具体的に把握！
　② the＋名詞
　　→名詞の具体的内容を把握！
　　例）the day →日にち、the case/incident →どんな事実を指すか

　それでは「2段階」型の問題を2つ続けて解いてみましょう！

「2段階」型の難問にチャレンジ！①

I am writing to extend my sincere gratitude to your sales representative Bob Johnson for his extraordinary support in increasing Liz Hotel's exposure to the public. We wouldn't be one of the most successful hotel chains in Canberrow without the help of Blitz Corporation.

[設問] **Who is Bob Johnson?**
(A) A guest of Liz Hotel
(B) An employee of Blitz
(C) A resident in Canberrow

第3章　難問・誤答・正答の正体はこれだ！　161

〈ポイント〉
　設問で問われているBob Johnsonは本文の1文目に登場します。この部分には"your sales representative Bob Johnson"（あなたの営業担当のBob Johnson）と書かれています。**この代名詞"your"が具体的に指す内容を探しましょう！**　この文章は、支援してくれたBob Johnsonに感謝の意を表明する内容です。さらに本文の最後には、「Blitz Corporationの支援がなければ、Canberrowで最も成功したホテルチェーンの1つにはならなかったであろう」とあるので、Bob JohnsonはBlitz Corporationの従業員であると考えられます。したがって、(B)「Blitzの従業員」が正解と判断します。
〈正解〉(B)
〈訳〉

> 貴社の営業担当のBob Johnson氏が、Liz Hotelの宣伝に大いに尽力してくださったことに対して、心から御礼申し上げます。Blitz Corporationの支援がなければ、我々はCanberrowで最も成功したホテルチェーンの1つになってはいなかったでしょう。

「2段階」型の難問にチャレンジ！②
After going over the survey result, we have found that both customers and retailers think the PKL-02's performance is good and the price is affordable, while they are dissatisfied with its color. We need to change the color before production begins on the next line in March. We will hold a meeting on September 7 to discuss this important issue.

[例題] What will probably be discussed on September 7?
(A) Color
(B) Price
(C) Function

〈ポイント〉

　設問の"September 7"が本文の最後にありますので、最終文の内容が正解となります。ところが、話し合われる内容は"this important issue"としか書かれていませんので、**この「this ＋ 名詞 」が指す内容を求めてさらに本文をさかのぼります**。すると、直前の文に「3月の次の製造までに色を変える必要がある」とあるので、これが"important issue"に該当すると判断して（A）を選択します。

〈正解〉**（A）**

〈訳〉

> 調査結果を見直したところ、顧客も小売店もPKL-02の性能に満足し、値段も手頃であると感じている一方で、色に対して不満を抱いていることがわかりました。3月に次の製造が始まる前に色を変更しなければなりません。この重要事項を話し合うために、9月7日に会議を開きます。

　お疲れさまでした。以上で「2段階」型の演習は終了です。さて、コラムをはさんで、いよいよPart 7の終盤でみなさんを待ち構える「ダブルパッセージ」の難問に取り組みます。問題番号180番までを順調に解答してきた受験者にとって、最後にして最大の壁となる難問です。さあ、最後の力を振り絞って、**Let's give it a try!**

第3章　難問・誤答・正答の正体はこれだ！　163

コラム　TOEIC Part 7 の正答パターンはこれだ！④
Imply 型

1. 設問：Why was the letter sent?
本文：<u>There are still tickets available for this concert</u>.
選択肢：To publicize an upcoming event
＊下線部「チケットがまだある」から「イベントの宣伝」をしていることを読み取らなければならない「Imply 型」難問パターン。

2. 設問：What is suggested in the advertisement?
本文：<u>Next-day delivery guaranteed</u>.
選択肢：Items will arrive on time.
＊下線部「必ず翌日に配達」から「商品は予定通り到着する」を読み取らなければならない「Imply 型」パターン。

3. 設問：Under which circumstances will Ms. Lim be charged a $20 fee?
本文：You will be charged an early termination fee of $20 if you cancel your service <u>prior to the end of the contract</u>.
選択肢：She cancels her service early.
＊下線部「契約終了前」を early で言い換えているのを行間を読んで判断させる「Imply 型」パターン。

4. 設問：What is implied about Starway Airlines?
本文：The company <u>has been voted Best Regional Airline by Air Travelers magazine</u> for the past seven years.
選択肢：It has a good reputation among airline passengers.
＊下線部「旅行誌の投票で最高の航空会社に選ばれてきた」から「乗客の投票に基づく評判」を読み取らなければならない「Imply 型」パターン。

5. 設問：What is the purpose of this notice?
   本文：<u>Mark your calendars for the tenth yearly Hill Valley anniversary dinner</u>.
   選択肢：To publicize an organization's annual celebration
   ＊Mark your calendars から「publicize（宣伝）」を読み取らせる「Imply 型」で、annual celebration は the tenth 以下を「一般化」したパターン。

6. 設問：Why is Mr. Williams apologizing?
   本文：I apologize again <u>for this last-minute notice</u>.
   選択肢：He is allowing little time for a task to be completed.
   ＊下線部「土壇場の通告」を allowing little time for 以下で言い換えた、やや「Imply 型」パターン。

7. 設問：What is indicated about DNC Corporation?
   本文：<u>You will be working at our new branch</u> in Vienna.
   選択肢：It has opened a new office.
   ＊「下線部」から「新しいオフィスがオープンした」ことを読み取らせる「Imply 型」パターン。

8. 設問：Why did Ms. Simons contact the apartment manager?
   本文：<u>The heating system in my apartment stopped working. So I contacted the apartment manager for a maintenance person to fix the problem.</u>
   選択肢：To report a problem
   ＊これは全体から report a problem を読み取らせる「Imply 型」パターン。

9. 設問：According to the letter, for what are members' donation used?
   本文：To <u>further develop our scholarship program</u> for young and upcoming researchers

第3章　難問・誤答・正答の正体はこれだ！　165

　　選択肢：To fund the training of young researchers
　　＊下線部「奨学金助成」から行間を読み取らせる「Imply型」パターン。

10. 設問：What is suggested about Dr. Cruz?
　　本文：When he was a reporter for the agent
　　選択肢：He has experience in the field of journalism.
　　＊was a reporter を has experience in the field of journalism で言い換えて行間を読ませる「Imply型」パターン。

　みなさんいかがですか。Imply型は読解力を要する難問タイプが多いので、慣れるまでトレーニングしましょう。

(5)「両文参照」型（ダブルパッセージ）

　これまで見てきた難問のタイプは、シングル・ダブルパッセージ問題に共通するものでしたが、ここからは、大半の受験者を苦しませている**両文参照型ダブルパッセージ問題**を見ていきましょう。何と言っても、2つの文章の内容が頭に入っていないと解答できないわけですから、かなりの上位層を振り分ける問題であるといえます。この「両文参照」型は**2つの文章を検討する手順**によって、次の3タイプに分けられます。

◎両文参照問題の3パターン（文章を検討する手順による分類）

Passage 2 → Passage 1の順に検討	85%
Passage 1 & Passage 2　同時検討	10%
Passage 1 → Passage 2の順に検討	5%（まれだが**難問**）

　ほとんどが、まずPassage 2（2つ目の文章）に正解の根拠を見つけ出し、**その具体的内容をPassage 1（1つ目の文章）に求める**という作業を要求します。次の**両パッセージを同時検討**する問題は、"Which is true about X?"（Xについて正しいのはどれか）のような問題で、**両方のパッセージがXについて触れている場合**、2つを検討範囲として同時に見なければならない問題です。またまれに同業他社の2つの企業に関する英文が並べられ、両者の共通点を尋ねるような問題もあり、これも両パッセージを同時に検討しながら共通点を探る必要があります。最後の**Passage 1からPassage 2の順に検討**する問題は非常に少ないですが、かなりの難問です。このタイプはダブルパッセージの5つの設問のうちの<u>1〜2問目に登場</u>しますが、**Passage 1だけでは解決できないことに気づいた上で、Passage 2を読むまで解答を保留**して、後でわかった時点で解くという作業をすることになります。

　それでは、例題を見ながら具体的にタイプ別の対策を考えてみましょう！

「両文参照」型の難問にチャレンジ！

Questions 1-3 refer to the following advertisement and letter.

EVANSTON

The Best Shops Hand-picked goods from across the country, all at one place at Evanston. Featuring apparel, shoes & accessories, children's, home items, art, gourmet food, jewelry and more! Many Evanston shops and their collections cannot be found anywhere else. Looking for a truly special gift? Search all you want around the clock, we've got them all right here at Evanston. We're adding new shops on the 10th of every month, and new items daily.

Personal Service Like Never Before Connect directly via e-mail or phone to each shop to get expert answers and enjoy premium personal service. How would you like your coffee ground? Are there nuts in that cheese? Is there a shoe to match that dress? Special requests? Our retailers love them.

Only Evanston makes it faster, easier and rewarding to shop and interact with the most unique specialty shops in the country... and soon, in the world!

Join today and enjoy as we bring all of life's finer things directly to you.

Dear Ms. Norman:

Thank you for your letter dated March 14, 2011. We are very sorry about the delay in delivering your Florence & Peterson equipment. In addition, we regret the merchandise you bought didn't meet your expectation, though you consulted with our staff member about what to choose before placing an order. Please accept our apologies for any inconvenience this has caused you.

We learned that the delay was caused by the electric outage in North Magotte, where Evanston's operation center is located. As for the latter, we guarantee that this will never happen again by increasing our staff members' expertise to help our customers choose the most appropriate items.

If you wish to return the items for a full refund, please notify us by e-mail at support@peterson.com that you intend to do so. You don't need to pay for return postage. If you accept the items, we would like to offer them with a 10% discount. Please let us know your decision in this matter.

As a gesture of our goodwill, we would like to offer a special discount of 25% for our new brand shop "Pixy Green Leaves" to be launched in Evanston next month.

Should you have other problems, please let us know as soon as possible, but we cannot be contacted from 6 a.m. to 10 a.m. until March 29 because Evanston will be under server maintenance.

Greg Watts

Greg Watts
Florence & Peterson

第3章 難問・誤答・正答の正体はこれだ！ 169

[設問1] **What time can customers NOT shop via Evanston until March 29?**
(A) 1:30 a.m.
(B) 9:00 a.m.
(C) 4:00 p.m.
(D) 11:30 p.m.

[設問2] **What statement in the advertisement was probably NOT considered satisfactory by Ms. Norman?**
(A) 30 days warranty
(B) Punctuality of shipment
(C) Professional personal consulting
(D) 24-hour operation

[設問3] **From what day will Ms. Norman be offered a 25% discount?**
(A) March 14
(B) March 29
(C) April 10
(D) April 21

〈ポイント〉
［設問1］
　ダブルパッセージの5つの設問のうち、両文参照型でない限り、はじめの2問はPassage 1に関する問題であることがほとんどです。［設問1］も「Evanston」について尋ねていますので、まずはPassage 1だけで解決すると考えます。しかし、Passage 1には開店時間について"around the clock"（24時間）としか書かれていません。つまりPassage 1には買い物ができない時間に関する記述はないのです！　この時点で、**設問1はPassage 1だけでは解決できないことに気がつき、Passage 2を読み終わるまで解答を保留する**ことが大切です。すると、設問文中の「March 29」に関する記述がPassage 2の最終段落に見つ

かります。この部分の記述から、(B)「午前9時」はサーバーメンテナンス中で、Evanston が使用できないことがわかります。

> 攻撃ポイント 「Passage 1 → Passage 2の順に検討」タイプ
> 　1〜2問目なので、まずは Passage 1での解答を試みる。しかし
> ・Passage 1には解答の根拠がない！
> ・Passage 1だけでは選択肢を絞りきれない！
> 　→Passage 2を読むまで、落ち着いて解答を保留する
> 　　Passage 2で関連箇所を見つけて答えを決めるのだ!!

　このタイプの問題は出題頻度は高くありませんが、実際の TOEIC では正解の根拠の発見にかなり手こずります！　ぜひ気をつけていただきたいと思います。

[設問2]
　この設問は両方の文章を同時に検討するタイプです。**Passage 1で述べられており、同時に Passage 2で不満足として挙げられている選択肢が正解**ということになります。まず、(A)「30日の保証期間」と (B)「配送の正確さ」は Passage 1に記述がないために消去します。次に、(D)「24時間営業」は Passage 2に記述がないので消去します。結局残った (C)「プロの個人相談」は、Passage 2の第1段落後半の内容から、確かに Norman 氏の期待に添えることはできなかったと考えられます。

　ところで、この「同時検討」タイプにはあと2つのパターンがありますので、次の 攻略ポイント 内で紹介しておきましょう。

> 攻撃ポイント 「Passage 1 & Passage 2　同時検討」タイプ
> ①「**Passage 1で挙げられており、Passage 2で●●**（否定・称賛など）**されているものはどれか**」
> →両パッセージで共通して述べられている選択肢が正解候補
> 　あとは Passage 2 で答えを絞りきる
> ②「**X（文中の名詞）について言及されている（推測できる）ものはどれか**」
> →X が両パッセージに登場する名詞の場合、両方の文章を検討範囲にする
> ③「**Passage 1と Passage 2の共通要素は何か、共通して述べられているものはどれか**」（出題頻度は少ない）
> →両パッセージで共通して述べられている選択肢が正解

[設問3]
　ダブルパッセージの5つの設問のうちの後半の4〜5問目（3問目の場合もある）は、Passage 2 に関する問題であることがほとんどです。例題では設問を3問しか設けていませんが、これが本番のテストでの5問目に当たると考えてください。[設問3]も、Passage 2にだけ登場するNorman 氏に関する問題なので、まずは Passage 2 での解決を試みます。「25％の割引」については第4段落に書かれており、翌月から始まる新しい店舗での買い物に割引が適用されることがわかります。しかし、"From what day（何日から）" という問いに対する具体的な日付情報はどこにも書かれていないので、**より具体的な情報を求めて Passage 1に目を移すことが重要**です！　Passage 1で、日付を特定するような情報を検索すると、第1段落の最後に「毎月10日には新しい店舗を追加する」とあるので、割引が適用される新しい店舗は翌月の10日、つまり(C)「4月10日」に開店し、この日から割引が受けられると判断します。

172

> **攻撃ポイント**　「Passage 2 → Passage 1の順に検討」タイプ
> 3〜5問目なので、まずは Passage 2 での解答を試みる。しかし、
> ・Passage 2 には問題が尋ねる「具体的情報」がない or 足りない！
> 　→ Passage 1 に目を移し、具体的情報を検索するのだ！！

〈正解〉　［設問1］**(B)**　［設問2］**(C)**　［設問3］**(C)**
〈訳〉

EVANSTON

最高の店　Evanston には、国内のあらゆる品々が集められています。衣類、靴、アクセサリー、子ども用品、家庭用品、芸術、食品、宝石、その他あらゆるものを取り揃えております！　Evanston 内の店舗やその品揃えは他に類を見ないものです。本当に特別な贈り物をお探しですか？　24時間何でもお探しくださいませ。我々は Evanston にすべてを揃えております。毎月10日には新しい店舗が加わり、そして新しい商品は毎日追加しております。

前例のない個人向けサービス　各店舗に E メールや電話で直接連絡をお取りください。専門のスタッフによる返答や特別な個人向けサービスが受けられます。コーヒーをどのようにひきたいですか？　あのチーズはナッツ入りですか？　あのドレスに似合う靴はありますか？　特別なご要望がおありですか？　我々の販売店が喜んでお答えいたします。

　国内において Evanston だけが、お買い物とユニークな専門店とのやり取りを速く、容易に、そして価値あるものにすることができるのです。そして間もなく、世界で唯一のものになるでしょう！
　今すぐご加入いただいて、我々があなたに直接お届けする暮らしを豊かにする商品をお楽しみください。

Norman 様
　2011年3月14日付のお手紙をお送りいただきまして、ありがとうご

ざいます。Florence & Peterson の商品の配送が遅れてしまい、大変申し訳ありませんでした。それに加えて、ご注文をいただく前に商品選びについてスタッフとご相談いただいたにも関わらず、商品がお客様のご期待に添えなかったことを申し訳なく思います。今回の件でご迷惑をおかけしましたことを、お詫び申し上げます。
　配送の遅れは、Evanston のオペレーションセンターがある North Magotte における停電が原因であることがわかりました。後者に関しては、お客様に最適な商品を選んでいただくためのお手伝いができるよう、スタッフの専門性を高めることで、二度と今回のようなことが起こらないことをお約束します。
　商品の返品と全額返金をご希望される場合は、support@peterson.com まで E メールでその旨をお知らせください。返送料金をお支払いいただく必要はありません。商品をご購入いただける場合は、10パーセントの割引を致します。この件に関するお客様のお考えをお知らせ願いたく存じます。
　我々の気持ちとして、来月 Evanston にて開店する我々の新しいブランドショップ「Pixy Green Leaves」での25パーセント割引をご提供致します。
　もし他に問題があれば、すぐに当方にお知らせください。しかし、3月29日までは Evanston のサーバーメンテナンスのために、午前6時から午前10時までは不通となります。

Greg Watts
Florence & Peterson

　いかがでしたか？　以上で第1節「難問のパターンはこれだ！」はすべて終了です。大変お疲れさまでした。ここまでの演習を通して、Part 7の難問の仕組みというものがわかってきたのではないでしょうか？ 決して本文の難易度は無理なものではないにも関わらず、正解の根拠を巧みに隠すことによって難問が作られていることを、しっかりと実感されたことでしょう。ぜひ本節の内容を繰り返しマスターし、実際のTOEIC ではどんなに巧みなトリックが使われようとも見事に解答していってくださいね！

コラム

TOEIC Part 7 の正答パターンはこれだ！⑤
裏返し型

1. 設問：What will happen on July 1?
   本文：<u>There are no enrollment fees if you sign up before July 1</u>.
   選択肢：Enrollment will no longer be free.
   ＊下線部「7月1日までに申し込めば入学金免除」は「7月1日には免除でなくなる」を表す「裏返し」パターン。

2. 設問：What is suggested about the Eastriver Hotel?
   本文：We walked around <u>the former site of the Eastriver Hotel</u>.
   選択肢：It no longer exists.
   ＊下線部「～がもとあった場所」は「もはや存在しない」を表す「裏返し」パターン。

3. 設問：What is suggested about the game?
   本文：<u>If the company had released a trial version, the game would have been a hit</u>.
   選択肢：It is only available as a full version.
   ＊下線部「体験版が出ていればヒットしていただろうに」という仮定法過去完了を用いて、「実際は出ていなかった」→「完全版しかない」となる「裏返し」パターンの難問タイプ。

4. 設問：When will renovation begin?
   本文：<u>Before renovation can officially begin, the project must also be reviewed by the state's Department of Housing Development</u>.
   選択肢：When the state's authority completes its review
   ＊本文全体「改築が正式に始まる前にプロジェクトは州の住宅開発局の審査を受けなければならない」から、改築が始まるのは

「州当局（the state's Department of Housing Development の「一般化」）が審査を終えたとき」となる「裏返し」パターン。

　みなさん、いかがでしたか。裏返し型は接続詞を使った簡単な問題が多いですが、時には3番のような難問も見受けられますので、対処できるようになっておきましょう。

[2] TOEIC Part 7 誤答の正体はこれだ!

　この節では、Part 7における誤答（不正解選択肢）の仕組みを暴いていきましょう！　せっかく英文がきちんと読めても、巧妙な誤答に引っかかってしまってはスコアに結びつきません。この節で、**出題者が誤答に込めた狙いと、そのために施したトリック**を十分に理解し、本番では華麗にすり抜けて満点獲得を果たしましょう！

●誤答の狙いとは!?

　Part 7に限らず、TOEIC の誤答には受験者を能力別に分けるために、実に様々な工夫が施されています。ここで言う「能力」とは、単に英語が読めるかどうかだけを指すのではありません。**長時間にわたって、集中力を切らさずに正確さを保ちながら英文を読み聞きし、質問に的確に答える力**こそ、TOEIC が測定する英語力なのです。このような観点から受験者をランクづけするために、Part 7の誤答は次のような受験者を引っかけることを狙いにしています。

◎誤答に引っかかる受験者の要因

- 英文の詳細を把握していない　　　＝不正確な理解
- 集中力が最後まで保てない　　　　＝注意散漫な態度
- 選択肢を本文と照らし合わせない　＝怠慢な解答姿勢

　いかがでしょうか。これは、TOEIC が主にビジネス上の英語コミュニケーション能力を測定する試験であることを考えれば、納得のいく内容でしょう。**英語を使って集中力を切らさず正確に業務を遂行する力**こそ、ビジネス上有用な英語力ではありませんか！　ぜひこのような英語力を身につけて、心身ともに充実した満点取得者になっていただきたいものです。

第3章　難問・誤答・正答の正体はこれだ！　177

●敵を知り、華麗に切り抜けよ！

　上記のような受験者を引っかけるためのトリックは、次の3つに分類されます。

◎誤答に施されるトリック
(1)「記述なし」型…………そんなこと言ってませんよー！
(2)「おとり」型……………これか、あれか、それか!?
(3)「でたらめな論理」型…そこまで言ってませんよー！

---

　(1)「記述なし」型はその名の通り、本文に書かれていない内容を含む誤答で、Part 7では最もオーソドックスなタイプです。Part 7では基本的に、**本文中に書かれていない、または本文の記述から推測できない内容の選択肢が正解になることはありません**。極めて当たり前のことなのですが、あいまいな印象で読んでいる多くの受験者がこの誤答を選んでしまうのです。

　(2)「おとり」型とは、**本文中に書かれている情報を「おとり」として選択肢にわざと並べて受験者を惑わす**タイプの問題です。例えば、本文中に登場する複数の数値情報が選択肢に並んでおり、その中から設問の答えになる数値を1つ選ばせるような問題です。特にPart 7に来て集中力が途切れてきた受験者を混乱させるための誤答といえるでしょう。

　(3)「でたらめな論理」型は本文の記述を論理的に誤解した内容を含む誤答です。**英文をいいかげんな印象で読んでいると、知らないうちに大量に引っかかってしまうような仕掛けが施された選択肢**です。このタイプの誤答にやられてしまうような不注意な読み方は実務上でもマイナスなので、気を引き締めて克服しましょう。

(1)「記述なし」型…そんなこと言ってませんよー！

「記述なし」型とは、本文中に書かれていない内容を、いわば「創作」して作られた誤答です。この型の誤答は次の2つに分類されます。

①全く無関係
②類語・連想

①「全く無関係」は**本文や問題とは全く無関係な内容の誤答**です。本文に一通り目を通せば、本文中に書かれていないと判断するのは比較的容易なはずです。しかし、集中力が低下すると「何となく良さそう」に見えてしまうので注意が必要です。

ところで、この「全く無関係」の誤答は「**文章の目的**」を問う問題（第2章の［3］messageの項を参照）と、「**推測**」型の問題（本章第1節(3)「ひっそり」型を参照）を解く時に利用できることを知っておきましょう。これらの問題では「本当にこれが答えでいいのか？」と思いたくなるような（実は正解の）選択肢も存在します。こういう場合は、残り3つの選択肢が本文中に「記述なし」なので案外簡単に消去できる場合が少なくありません。**正解が決めにくい場合も落ち着いて「記述なし」型の誤答を消去する！**　これはPart 7において意外と使えるテクニックですよ。

さて、上級者でも気をつけていただきたいのが②「類語・連想」です。本文の内容から連想して何となく言えそうな気がする、あるいは何となく思いついてしまうが、**実際には本文中には書かれていないので不正解**となる誤答です。本文中の検討箇所をきっちり確認すれば回避できる誤答ですが、誤答と気づかずについつい選んでしまいがちな選択肢です。これについては、いくつかの例を見てみましょう。

第3章　難問・誤答・正答の正体はこれだ！　179

「記述なし」型の難問にチャレンジ！①

Lollex Continental Hotel is located on the bayside conveniently nearby Megfloanya Beach, which attracts tens of thousands of tourists from all over the world every summer. Our restaurant, Ocean Cove, faces the beach and offers guests a fine dining experience with a spectacular ocean view. We are proud of our internationally-acclaimed staff, state-of-the-art facility and diverse menu ranging from French, Italian to Chinese!

[設問] **Which can be inferred about Ocean Cove?**
(A) It has branches in several countries.
(B) The food is pricey.
(C) It is located near the beach.

〈ポイント〉
　NOT型の問題ですので、各選択肢を1つ1つ検討していきましょう。**(A)**「いくつかの国に支店がある」は、本文中には国際色豊かな印象を与える情報が並んでいますが、支店の数や場所に関する情報が**本文中に書かれていない以上**、(A) の選択肢は誤答と判断します。**(B)**「**食事の値段が高い**」も、「ホテル＝値段が高い」という印象で選んではいけません。値段に関する情報が**本文に書かれていない以上**、(B) の選択肢は誤答と判断します。**(C)**「**ビーチの近くに位置している**」の位置に関する情報は1文目や、2文目の faces the beach にあり、この部分の内容に合致するので (C) は正しいと判断します。
〈正解〉**(C)**

〈訳〉

> Lollex Continental Hotel は湾岸に位置しており、夏には世界中から毎年何万人もの観光客を呼び込む Megfloanya Beach へ行くのに便利です。私たちのレストラン「Ocean Cove」はビーチに面しており、お客様に壮観な海の景色を見ながらの素敵なお食事のひとときをお楽しみいただきます。国際的に称賛されるスタッフと、最新鋭の設備とフレンチ、イタリアン、中華に及ぶ幅広いメニューが、私たちの自慢です。

　いかがですか？　時間を気にせず取り組めば大したことのない問題だったと思います。しかし、**時間制限の厳しい TOEIC ではついつい本文の検討を怠りがちになり**、「記述なし」型の誤答の被害者が急上昇してしまうのです。みなさんはぜひ気をつけてくださいね。それでは、さらにチャレンジングな例題をもう1つだけ解いてみましょう！

「記述なし」型の難問にチャレンジ！②

●About the speaker

Martha Veldandy was born in Detland in 1950, studied at Kinbell University and received an MFA from Bowling Green State University. She is currently a professor of English poetry at Georgetown University. Martha is the author of four books of poetry. Her first, *Gathering the Zeal*, received the Festich Younger Poets Award. *The Rising Soul*, was chosen as the Lilvea Selection of the Academy of American Poets, *The Angel of History*, won the Angelly Times Book Award, and *Azure Sky*, was a finalist for the National Book Critics Circle Award. Known as a "poet of witness," Martha traveled to Spain in 1977 to translate the work of Salvadoran-exiled poet Claris Alley, and received a Tennith Simon Fellowship when she returned.

第3章　難問・誤答・正答の正体はこれだ！　　181

［設問］**What did Martha Veldandy NOT receive?**
（A）The Festich Younger Poets Award
（B）The Tennith Simon Fellowship
（C）The National Book Critics Circle Award
（D）The Angelly Times Book Award

〈ポイント〉
　本のタイトルや賞の名前の集中砲火、それに選択肢にも、本文に登場した名詞が「**おとり**」として並んでいます。しかし、これらに振り回されてはいけません。並列的に並べられた情報の1つ1つを覚える必要はなく、**設問で並列情報について問われた場合に限り、これらを検索して答えを探せばいい**のです。（A）Festich Younger Poets Award は4文目に書いてあり、"received" とありますので受賞していると見なします。（B）Tennith Simon Fellowship は最後にあり、やはり "received" とありますので受賞しています。ところが（C）National Book Critics Circle Award は5文目の後半にあり、"finalist"（最終選考者）になったとは書かれていますが、**受賞をしたとは書かれていません（記述なし）！**　従って（C）は本文と食い違うので正解と判断します。念のため（D）Angelly Times Book Award も検討すると、5文目に "won" と書かれているので受賞したのだと判断します。
〈正解〉**（C）**

〈訳〉

> ●**講演者**について
> Martha Veldandy は1950年に Detland に生まれ、Kinbell 大学に学び、Bowling Green State 大学で MFA を取得しました。Martha は現在、Georgetown 大学で英国詩の教授を務めています。彼女の著書には4冊の詩集があります。処女作である『Gathering the Zeal』は Festich Younger Poets Award を受賞し、『The Rising Soul』は Lilvea Selection of the Academy of American Poets に選ばれ、『The Angel of History』は Angelly Times Book Award を受賞、さらに『Azure Sky』は National Book Critics Circle Award の最終選考に残りました。「目撃者の詩人」として知られる Martha は、亡命中のエルサルバドル人の詩人 Claris Alley の作品を翻訳するため、1977年にスペインに旅立ち、帰国後に Tennith Simon Fellowship を授与されました。

　お疲れさまでした。以上で「記述なし」型の演習は終了です。「**必ず本文に戻って確認する！**」…実務にも通じるこの姿勢をどうか忘れないでください！　それでは、次の誤答パターンを見ていきましょう。

第3章　難問・誤答・正答の正体はこれだ！　183

(2)「おとり」型 …これか、あれか、それか!?

　「おとり」型とは、本文中に書いてある表現を選択肢に意図的に並べて、受験者を混乱させることを狙って作られた誤答です。この型の誤答は次の3つに分類されます。

①人名・地名・数値
②すり替え
③とにかく引用

　①「人名・地名・数値」は、本文中に複数の人名や地名、数値を登場させ、それらを選択肢に「おとり」として並べて受験者の混乱を誘うように作られた誤答です。大事なのは、**問題を先読みして、文中の多くの名詞の中から**　つかむべき標的　**を明確にすること**。そして**本文を読みながら、短時間で**　標的　**に関する情報を頭できっちり整理すること**です！これができていないと、選択肢の検討に大変手こずることになります。次の例題でも多くの名詞が出てきますが、　標的　となる名詞をしっかり定めた上でチャレンジしてみましょう！

「おとり」型の難問にチャレンジ！①

Velligian University invited Dr. Margaret Bicovich as its twentieth president in 2010. Dr. Bicovich has presented her research on leadership and consensus making structures in higher education at annual international meetings of the Academy of Management and numerous academic and non-academic conferences and briefings, as well as to the media. Before assuming the Velligian presidency, Dr. Bicovich served as the vice president for strategic communications and university enrollment at Wizleyan University, overseeing integrated university-wide communications. Before joining Wizleyan in 1999, she spent nine years at Bryami University in Simonfield, serving in several roles, including international student recruitment, and executive assistant to the president.

Earlier in her career, she served as a researcher in health care policy at the Hothon University Center for Health Care Research.

[設問1] **How long did Dr. Bicovich work for Wizleyan University?**
(A) 8 years
(B) 11 years
(C) 13 years

[設問2] **Where did Dr. Bicovich serve as a recruiter?**
(A) Velligian University
(B) Wizleyan University
(C) Bryami University
(D) Hothon University

〈ポイント〉

　非常に多くの大学名や地名が出てきましたが、標的を定めて混乱せずに解答できたでしょうか？　設問は「Wizleyan 大学」と「a recruiter」についてなので、**この2つの名詞に関する記述に注目すればよい**のです。設問1は「Wizleyan 大学」の在籍期間について問われており、本文はDr. Bicovich の実績を現在から過去へ順番にさかのぼって紹介しているので、**時間軸に沿って大学名を整理し**、Wizleyan 大学に入るタイミングと辞めるタイミングをつかめば在籍期間がわかるはずです。

[出だし]Vel Uni. ← Wiz Uni. ← Bry Uni. ← Hot Uni.[本文末尾]
※固有名詞は正確に暗記する必要はありません。互いが識別できる範囲で覚えやすい形に簡略化して覚えてしまえばいいのです！

　設問1は、Wizleyan 大学に関する問題で、まず Wizleyan 大学について述べている3文目 "Before assuming the Velligian presidency" から4文目の "Before joining Wizleyan in 1999" までの部分に注目

第3章　難問・誤答・正答の正体はこれだ！　185

します。しかし、そこには在籍期間の年数を直接的に示す数値情報はないので、**頭を切り替えて、Wizleyan 大学に入った時期と辞めた時期に注目します**。入った時期は、4文目の "Before joining Wizleyan in 1999" より1999年とわかります。次に、Wizleyan 大学を辞めて Velligian 大学に移った時期の**具体的な情報を求めて本文の出だし部分を見ると**、2010年に Wizleyan 大学からの移籍と同時に学長に就任したと書かれているので、Wizleyan 大学を去ったのは2010年とわかります。よって在籍期間は、2010-1999＝11年間となり、(B) が正解となります。

　設問2は、実に様々な役職名が本文中に出てきましたが、**設問で問われている "recruiter" だけを検索すれば OK です！**　すると、4文目の "international student recruitment" が目に入り、これは Bryami University での話ですので (C) が正解と判断します。

〈正解〉［設問1］**(B)**　［設問2］**(C)**
〈訳〉

> Velligian 大学は、Margaret Bicovich 博士を20代目の総長として2010年に迎え入れました。Bicovich 博士は高等教育におけるリーダーシップと合意形成の仕組みに関する研究を、メディアに対してだけでなく Academy of Management の国際年次大会や数多くの学術会議や非学術会議に発表してきました。Velligian 大学の総長に就任する前に、Bicovich 博士は Wizleyan 大学において副学長として戦略的コミュニケーションや入学業務を担当し、大学全体のコミュニケーションを統括していました。1999年に Wizleyan 大学に勤める以前は、Simonfield の Bryami 大学に9年間勤め、各国からの学生の受け入れや総長補佐の重役などを担当しました。彼女の経歴の初期には、Hothon University Center for Health Care Research にて健康保険政策に関する研究者として勤めました。

　いかがでしたか？　とてもややこしい問題でしたね。でも視点を定めて解答すれば、時間と労力を大幅に短縮できることがおわかりいただけたのではないでしょうか。さて、「おとり」型の演習はまだまだ続きます。頑張りましょう！

「おとり」型の2つ目のパターンである②「すり替え」については、例えば次のような問題が該当します。

> **「おとり」型の難問にチャレンジ！②**
>
> - Restaurant α: All staff members are friendly, but the food is pricey.
> - Restaurant β: Reasonable prices, and its seafood is terrific!
> - Restaurant γ: Spacious, smoke-free, but food arrives late.
>
> [設問] **What is mentioned about Restaurant β?**
> (A) Meals are expensive.
> (B) Smoking is prohibited.
> (C) Seafood is good.

〈ポイント〉
　この設問ではレストランβの特徴を問うているので、本文中でレストランβについて述べている**2文目だけに注目！**　この部分の内容に合致する（C）「シーフードがおいしい」が正解です。（A）「料理の値段が高い」はレストランαの特徴で、（B）「喫煙が禁止されている」はレストランγの特徴です。このように、Xについての問題の選択肢に、**X以外の名詞に関する記述を織り交ぜる**ことで、受験者の混乱を誘うのが「すり替え」パターンです。このパターンに惑わされないようにするためには、**本文を読む時に、名詞とその特徴をハッキリ対応させながら読む**ことです！
〈正解〉**（C）**
〈訳〉

> - レストランα：スタッフは親切だが、料理の値段が高い。
> - レストランβ：値段は手頃で、シーフードが素晴らしい！
> - レストランγ：広くて禁煙、でも料理が来るのが遅い。

　「おとり」型の3つ目のパターンである③「とにかく引用」とは、本文

第3章　難問・誤答・正答の正体はこれだ！　187

中の色々な表現を意図的に選択肢に交ぜて作られた誤答です。気をつけたいのは、**本文の最後に出てくる（より鮮明に記憶に残っている）表現を使って作られた選択肢の場合**です。後ろのほうで目にしたために印象が鮮明で、ついつい選んでしまいたくなる場合があるので、選びたい誘惑に負けないようにしましょう！　このタイプの誤答は、本章第1節のp.126の「絶対的鉄則」で述べたように、**設問を見て検討するべき本文中の範囲を絞ることで回避率がかなり向上します。**

「おとり」型の難問にチャレンジ！③

Obesity tends to become a lifelong issue. The reason most obese adolescents gain back their lost pounds is that after they have reached their goal, they go back to their old habits of eating and exercising. An obese adolescent must therefore learn to eat and enjoy healthy foods in moderate amounts and to exercise regularly to maintain the desired weight. Parents of an obese adolescent can improve their child's self esteem by emphasizing the child's good qualities rather than just focusing on their weight problem. When an obese adolescent has emotional problems, an adolescent psychiatrist can work with his or her family physician to develop a comprehensive treatment plan. Such a plan would include dietary and physical activity management as well as reasonable weight loss goal.

[設問] **What does the article say parents can do?**
(A) Suggest what to eat
(B) Work with a doctor
(C) Make positive comments
(D) Set a weight loss goal

〈ポイント〉
　選択肢はいずれも本文中の表現を意図的に織り交ぜて作られています。しかし、設問で問われているのは両親の行動ですので、**本文中から両親に関する記述だけを取り出し、その部分に書かれてある内容に合致する選択肢が正解**と判断すれば OK です。両親に関する記述は4文目だけで、その中の "emphasizing the child's good qualities"（子どもの良い点を強調する）の部分を、より一般化した表現にパラフレーズした (**C**)「**前向きなコメントをする**」が正解です。残りの選択肢の内容も本文中では触れられていますが、先ほど引用した検討範囲に含まれていないので誤答です。

〈正解〉(**C**)

〈訳〉

> 肥満は一生涯続く問題になりやすいものです。肥満の若者のほとんどが一度減らした体重を元に戻してしまう理由は、目標体重に到達してから再び元の食生活や運動量に戻ってしまうからです。したがって、肥満の若者は望ましい体重を維持するために、適切な量の健康的な食事を楽しみ、定期的に運動することを学ばなければなりません。肥満の若者の親は、単に体重の問題に焦点を当てるだけではなく、子どもの良い点を強調してあげることによって、子どもの自尊心を高めることができます。肥満の若者が感情的な問題を抱えている場合は、思春期精神科医はその若者のかかりつけの医師と協力して包括的な対処法を考案することができます。そのような対処法は、理にかなった減量目標のみならず、食事や運動の管理も含みます。

　以上で「おとり」型の問題は終わりです。大変疲れたのではないでしょうか？　でも、これで次々と目に入る「おとり」に振り回されないための視点が身についたはずです！　さて、次はいよいよ最後の誤答パターンである「でたらめな論理」型を見ていきます。わくわくしますね！　それでは張りきっていきましょう。

(3)「でたらめな論理」型…そこまで言ってませんよー！

「でたらめな論理」型とは、本文の内容を論理的に誤解した内容を含んだ誤答です。この型は次の2つに分類されます。

① all or nothing 型
② 言い過ぎ型

①は、"**categorical answer（断言的な答え）**"と呼ばれる選択肢で、全部（all, every, always）やゼロ（no, nothing, never）を意味する語を用いてあり、大体の場合は誤答です。例えば、本文で「月曜〜金曜は午後8時まで、土日は10時まで営業」とあり、選択肢に「毎日営業している」とあるとき、一見正解に見えますが、本文をよく見ると、欄外の*(アスタリスク)の部分に「第3月曜日は休園」とあるので不正解…という具合です。ただし、「**全部**」や「**ゼロ**」の表現が使われていれば絶対に不正解というわけではない（正解の場合もある）ので、必ず本文を確認しましょう！

②の「言い過ぎ」とは、**本文の記述を拡大解釈して作られた誤答**で、Part 7では意外と多く登場します。「そこまでは言えないだろう！」と、選択肢に冷静にツッコミを入れる感じで対処します。

それでは3つの例題を通して、実践的に攻略法をつかんでいきましょう！

「でたらめな論理」型の難問にチャレンジ！①

We are happy to invite you to our special sale beginning next week. All summer items will be marked down by ten to twenty percent. Moreover, you will be surprised to see some items further discounted. Please visit our website and check our daily selected items, all of which will be more than half the price listed on the tags! We are open every day except Monday from 10:00 a.m. to 9 p.m., but next week we will be open until one hour later. The sale will last until we are out of stock of summer items. Hurry up and don't miss this opportunity!

［設問］ **What is said in this advertisement?**
(A) All goods will be discounted.
(B) The store opens every day.
(C) The sale will last for a week.
(D) The shop's hour will be extended.

〈ポイント〉

　まず (A) と (B) には「全部」を表す語句が含まれているので、誤答の可能性を疑いましょう。「すべての**夏物が値引きされる**」と書かれていますが、すべての商品が値引きされるとまでは書かれていませんので、(A)「**全商品が値引きされる**」は誤りです。(B)「**毎日開店している**」も、5文目に「月曜日を除いて毎日開店している」とハッキリ書かれているので誤答です。(C)「**セールは1週間続く**」を選んだ方は注意不足です！　1文目に「来週から始まる」、5文目に「来週は1時間長く営業する」と書かれていることからの**連想を狙った誤答**で、下から2文目に「夏物の在庫がなくなるまで続く」とあるので (C) は誤りです。(D)「**開店時間は延長される**」は、5文目の内容に一致します。満点を狙うならば印象で解くことはせずに、**必ず本文での確認作業を行いましょう**。

〈正解〉**(D)**

第3章 難問・誤答・正答の正体はこれだ！　191

〈訳〉

> 来週から始まる当店の特別セールへ、みなさまをご招待致します。すべての夏物が10%から20%引きになります。それに加えて、さらにお安くなる商品を見て驚かれることでしょう。ぜひ当店のウェブサイトで毎日選ばれる特別商品をチェックしてください。特別商品はすべて定価の半額以下になります！　当店は月曜日を除く毎日午前10時から午後9時まで営業しておりますが、来週は1時間遅くまで営業しております。セールは夏物の在庫がなくなるまで続きます。お急ぎください。この機会をお見逃しなく！

「でたらめな論理」型の難問にチャレンジ！②

I am an enthusiastic, focused and organised editor and writer specialising in online media. I have worked on some of the most innovative independent media projects in Australia in the past few years, where I have conducted research and written and edited a number of reports on topics including Australian and international politics, arts, new media and popular culture. Plus, I have a versatile knowledge of science and technology, which allows me to work in a wide spectrum of fields.

With my vision to set and realise aggressive marketing goals, I have a proven ability to put together, motivate and support high-calibre teams that are committed to increasing profitability.

［設問］**Which is implied about the writer?**
(A) He is familiar with computer programming.
(B) He has experience as a team leader.
(C) He has published some books.

〈ポイント〉
　まずは志願書の読み方を復習しましょう。自分を売り込むための華美な表現は無視して、「やってきた事実」と、「（書いてある場合は）それを通して得たこと」に注目します。さて、この文章全体が書き手の自己紹介文なので、本文の検討範囲は本文全体に及びます。そこで、各選択肢について本文中の関連箇所を探し、検討していくことにしましょう。
　(A)「**彼はコンピュータプログラミングに詳しい**」は、第1段落の最後の文の"have a versatile knowledge of science and technology"が関連すると判断できますが、「科学技術についての幅広い知識がある」とは書かれているものの、「コンピュータプログラミングに精通している」とまでは書かれていない「言い過ぎ」パターンです。**(B)**「**チームリーダーとしての経験がある**」は、第2段落の"put together, motivate and support high-calibre teams"の内容に合致するので正解です。**(C)**「**何冊かの本を書いた**」も要注意です。第1段落冒頭で「編集者であり執筆者」であると述べ、2文目で「数多くのレポートを執筆、編集した」と書いてあることからの連想を狙った誤答で、よく読めば、本の出版に関しては全く触れられていません。

〈正解〉**(B)**

〈訳〉

> 　私は熱心で、集中力があり、有能な編集者であり執筆者です。オンラインメディアを専門にしています。過去数年間にわたってオーストラリアで最も先進的な独自のメディアプロジェクトに参加していました。そのプロジェクトでは研究を行い、オーストラリアの政治や国際的な政治、芸術、ニューメディアや大衆文化などをテーマにした数多くのレポートを執筆したり編集したりしました。それに加えて、私には科学技術に関する幅広い知識があり、さらに広範囲な分野に従事することもできます。
> 　積極的なマーケティングの目標を掲げ、達成するヴィジョンを持つ私には、利益を向上させることを使命とする高い能力を持つ集団をまとめ上げ、動機づけをし、サポートする証明済みの能力があります。

第3章 難問・誤答・正答の正体はこれだ！

> 「でたらめな論理」型の難問にチャレンジ！③

Monteres wishes to remain your valued partner after you have purchased our merchandise. Our customer service center will be happy to help you resolve any problems ranging from your useless remotes to the malfunctioning of your computer systems. Operators and experienced engineers are ready to help you around the clock. Feel free to contact us through our toll-free number: 0800983274.

[設問] **Which can NOT be implied about Monteres?**
(A) Customers can contact them for free.
(B) Customers can shop there 24 hours.
(C) They deal in electrical appliances.

〈ポイント〉

　まずは (**B**)「客は24時間買い物ができる」を検討してみます。これも「全部」を表す表現の一種なので、「本当に24時間買い物できるのか」とツッコミを入れて、検討作業に入ります。すると下から2文目に"around the clock"（24時間）と書かれていますが、よく読むと、これはカスタマーセンターのオペレータや技師と相談できる時間について言っているのであり、買い物ができる時間についての記述ではありません。カスタマーセンターが24時間であることを拡大解釈して、買い物も24時間できると勝手に考えてはいけません。(**A**)「客は無料で連絡を取ることができる」は最終文に書かれており、"toll-free number"（フリーダイヤル）とあるので (A) は本文に合致します。(**C**)「電化製品を取り扱っている」は、本文2文目に述べられている「問題解決」の内容から推測可能なので、本文に合致します。
〈正解〉(**B**)

〈訳〉

> Monteresは、お客様に商品をご購入いただいた後も、良いパートナーであり続けたいと願っております。当店のカスタマーセンターは、役に立たないリモコンからコンピュータシステムの不具合まで、お客様の抱えるあらゆる問題を解決するお手伝いを喜んでさせていただきます。オペレータや経験豊富なエンジニアが24時間体制であなたをお手伝いいたします。フリーダイヤル0800983274まで、お気軽にお問い合わせください。

　いかがでしたか？　フワフワとした印象で解くと、この手の誤答にまんまとやられてしまうことがわかったのではないでしょうか。集中力が途切れやすいPart 7だからこそ、徹底した「本文確認」をして、安全運転で満点を奪取してくださいね！
　以上で「難問・誤答・正答」の特訓はすべて終了です。みなさん、本当にお疲れさまでした。ここまでの内容を読んでこられたみなさんは、Part 7の難問・誤答・正答のあらゆるパターンを演習してきたことになりますので、満点獲得への自信がぐーんと高まったのではないでしょうか。本章で演習した問題は、いずれも実際のTOEICにおける難問〜超難問クラスばかりです。これらをすべてマスターすれば、本番のテストが簡単に思えるようになり、超難問も余裕を持って解答することができるようになるでしょう。完全マスターを目指して、ぜひ繰り返し学習してください。それでは明日へ向かって、

Let's enjoy the process!（陽は必ず昇る！）

第4章

TOEIC Part 7 語彙言い換え問題大特訓

TOEIC Part 7 語彙言い換え問題大特訓

　第4章では、TOEIC Part 7で出題される「語彙言い換え問題」の大特訓を行いたいと思います。この語彙言い換え問題には、950点以上のスコアを取る人でもよく間違うような難問が含まれており、これらの問題を正解しないと満点を取ることができません。というのも、英単語にいくつかの意味がある場合に、文脈に合う微妙な類語を選ばせるような問題があるのでなかなか手強いわけです。

　そこで、この言い換え問題をパーフェクトに解答するには各パッセージの大意やその流れ、問題となっている語彙の前後を正確に読み取り、選択肢のどの単語が最も適切に言い換えているのかの「ひらめき」、すなわち「語感」を養うことが非常に重要です。この章の大特訓でTOEICのスコアUPに欠かせない最重要単語の理解力を飛躍的にアップさせ、また語彙の言い換えトレーニングを通じてどんな言い換え問題にも対応できる「英語の感性」をさらに磨きましょう。そして、各大特訓を終えたら下の評価表で現在の実力を把握し、間違ったところは確認を怠らず、さらなる「語彙力」アップに役立ててください。

〈大特訓①〜⑥の評価表〉

全問正解	TOEIC990点満点も時間の問題！
5問正解	TOEIC980点 あと少し粘り強く語彙力をアップしましょう！
4問正解	TOEIC960点〜970点 まだ満点には語彙力が足りません。単語集や問題集で単語力を強化しましょう！
制限時間をオーバー	TOEIC950点以下 かなり単語力が不足しています。気合いを入れて頑張りましょう！

語彙言い換え問題大特訓①

下線の単語の言い換えに最も適切な単語を選択肢の中から選びなさい。

Bank Rights in Home Foreclosure
銀行からの物件差し押さえは回避できる？

The commencement of bank's foreclosure depends largely on the laws of the state in which the property is located. Foreclosure timelines vary widely from state to state, for all parts of the process from (1) <u>filing</u> and mailing of lender notices to homeowners' (2) <u>redemption</u> periods to scheduling and notification for foreclosure auctions. Completion of the foreclosure process can take less than two months to more than a year from start to finish.

Most mortgage lenders allow for a (3) <u>grace</u> period of 15 days past the due date for your monthly house payment. The lender will not add a late charge if it receives your payment before the grace period ends. For example, your house payment is due on the first of each month, and your lender allows a grace period of 15 days. Your monthly mortgage bill should indicate that you will be charged a late fee if payment is (4) <u>posted</u> on the 16th of the month or later.

If your payment has not been received by the end of the grace period, a late fee will be added to your amount (5) <u>due</u>. Typically, somewhere between day 16 and 30, you will receive a phone call from the mortgage servicing company that (6) <u>processes</u> your payments for the bank. A representative of the servicing company will contact you to find out why you have failed to make your payment. At this point, the bank will not start a foreclosure yet. If you fail to make your payment after the grace period, you are in default on your loan and have entered the pre-foreclosure phase.

〈選択肢〉

---

1. (**A**) organizing　(**B**) submitting　(**C**) assembling
   (**D**) completing
2. (**A**) saving　(**B**) rewarding　(**C**) clearing　(**D**) passing
3. (**A**) extension　(**B**) probation　(**C**) adjustment
   (**D**) discharge
4. (**A**) announced　(**B**) made　(**C**) suspended　(**D**) accepted
5. (**A**) expected　(**B**) proper　(**C**) worthwhile　(**D**) payable
6. (**A**) directs　(**B**) applies　(**C**) handles　(**D**) forwards

---

語句：foreclosure「差し押さえ、質流れ」
　　　redemption「義務・約束の履行」　mortgage「抵当、担保」

〈解答＆解説〉

1. (B)　(A) 準備する　(B) 提出する　(C) 組み立てる
　　　　　(D) 仕上げる

文脈より filing は「出す、報告する」の意味で、**submitting**「提出する」が正解となる。organizing は「イベントなどを開催する」の意味。complete the application form は「申し込み用紙を記入する」。

2. (C)　(A) 節約、貯金　(B) 報酬
　　　　　(C)（約束の）履行、（手形・抵当・借金）の弁済　(D) 通過

文脈より redemption は「返済」の意味で、**clearing** が正解となる。

3. (A)　(A) 延長　(B) 見習い期間　(C) 調整
　　　　　(D) 解雇、〔義務の〕遂行

grace period は「無利息の支払い猶予期間」を意味する。銀行の貸し付けや保険の契約条項には必ず出てくる重要フレーズ。probation period は「見習い期間」。

4. (B)　(A) 発表された　(B) なされた　(C) 中断された
　　　　　(D) 受理された

文脈より posted は「支払いが済んだ、行われた」を表すので made が正解。

5. **(D)** （A）予期された　（B）妥当な　（C）価値ある
　　　　（D）支払うべき

due はこの場合「当然支払われるべき」の意味で、payable「支払うべき」が正解。

6. **(C)** （A）導く　（B）申し込む　（C）扱う　（D）転送する

文脈より processes は「手続きを行う、処理する」の意味。これを言い換えられる handles が正解。process the order は「その注文を処理する」。forward the e-mail は「メールを転送する」。

〈訳〉

物件差し押さえにおける銀行の権利

　銀行がいつ抵当物件の差し押さえを開始するかは、その物件が存在している州の法律による。差し押さえが決定するまでの期間、すなわち貸主側の通知書類作成と送付、また、住宅所有者の支払い義務履行期間、さらに差し押さえ物件競売の日程やその通知にいたるまでのすべての手続きに関しては州ごとに大きく異なる。差し押さえの最初から最後まで一切の手続きが完了するまでには短くて2カ月未満だが、長ければ1年以上かかる。

　ほとんどの住宅ローン会社は月々の支払日を過ぎても15日間の支払い猶予期間を設けている。その支払い猶予期間が終わる前に支払えばローン会社は延滞料金を加算しない。例えば毎月1日が住宅ローンの支払い期日だとして、ローン会社が15日間の猶予期間を設けているとする。その場合は住宅ローン支払書に、もし支払いが毎月16日以降に行われた場合は延滞料金が課されると記述されている。

　もし支払いが猶予期間までに済まされないと、延滞料金が加算される。一般的には毎月の16日から30日までの間に、銀行と契約している住宅ローン会社から電話がある。ローン会社の担当者が支払い不履行の理由を問い合わせてくる。この時点では銀行はまだ抵当流れの手続きは行わない。猶予期間を過ぎても支払いがまだ済まない場合において支払い義務不履行となり、銀行は質流れに踏み切る1つ手前の段階へと入る。

さらに語彙力アップ!
TOEIC Part 7 言い換えクイズに挑戦①

★次の下線部分について、最も適切に言い換えられる単語を下の選択肢から選びなさい。(制限時間　2分)

1. prepare for the **forthcoming** event
2. The wall is decorated with highly **elaborate** designs.
3. provide **substantial** evidence
4. gather **pertinent** information for the presentation
5. reflecting the **resilient** economy of the country
6. the **striking** feature of the new laptop
7. offer **flat** rate international shipping
8. give a **conclusive** answer
9. The company gave him a **raw** deal.
10. recruit **capable** personnel
11. manage to make a **decent** living
12. pay off the **outstanding** balance on the credit card
13. **viable** solution to address the cutback in overhead costs
14. impose legally **binding** restrictions
15. He has now become a **frequent** visitor to Hong Kong.

(A) fixed　(B) intricate　(C) extraordinary　(D) adept
(E) overdue　(F) compulsory　(G) relevant　(H) unjust
(I) imminent　(J) feasible　(K) definitive　(L) adequate
(M) buoyant　(N) repeated　(O) satisfactory

第4章　TOEIC Part 7 語彙言い換え問題大特訓

〈解答＆解説〉

1. **(I)**　「間近に迫ったイベントの準備をする」。imminent danger「迫り来る危機」も重要。

2. **(B)**　「その壁は非常に手の込んだデザインで装飾されている」。動詞として elaborate on the details「詳細をはっきりと述べる」の使われ方も重要。

3. **(L)**　「十分な証拠を提供する」。substantial amount of time「十分な時間」。adequate ability to supervise the team「そのチームを監督するのに十分な能力」。

4. **(G)**　「プレゼンに必要な関連情報を集める」。pertinent knowledge「関連知識」も覚えておこう。

5. **(M)**　「その国の回復力の早い経済を反映している」。resilient は「立ち直りが早い」という意味で buoyant「浮揚性の、上昇傾向にある」が正解。buoyant economy「上り調子の経済」。

6. **(C)**　「その新しいノートパソコンの魅力的な特色」。striking difference「著しい相違点」。extraordinary discovery「目覚ましい発見」も覚えておこう。

7. **(A)**　「海外配送一律料金を提供する」。flat rate「一律料金」が言い換えられるのは fixed「定額の」。fixed asset「固定資産」。

8. **(K)**　「最終的な答えを言う」。conclusive evidence「決定的な証拠」。

9. **(H)**　「その会社は彼を不当に扱った」。raw deal は「不公平な扱い」を表す重要表現。unjust「不当な」に言い換え可能。

10. **(D)**　「有能な人材を募集する」。adept craftsman「熟練した職人」、

adept at organizing information「情報整理に長ける」も重要。

11. **(O)**　「何とか人並みの生活を送る」。decent income「人並みの給料」、satisfactory explanation「十分な説明」も覚えておこう。

12. **(E)**　「クレジットカードの未払い残高を完済する」。outstanding「未払いの」の言い換えは overdue「期限の切れた」が正解。outstanding account「未払い勘定」、overdue payment「支払い延滞分」は最重要表現。

13. **(J)**　「諸経費削減に取り組む実行可能な解決策」。feasible project「実行可能なプロジェクト」もよく使われる。

14. **(F)**　「法的に拘束力のある制限を課す」。binding「拘束力のある」を言い換えた compulsory「義務的な」が正解。compulsory insurance「強制保険」も覚えておこう。

15. **(N)**　「彼は今では香港をよく訪れるようになった」。frequent flier「頻繁に飛行機に乗る人」もよく使われる。

第4章 TOEIC Part 7 語彙言い換え問題大特訓

コラム 英文読解基礎体力強化語彙編①
多義語に注意！

英文の理解を阻む主な要因に、①構造が複雑、②内容が抽象的、③内容が専門的、の3つがあります。今回は②の例を挙げましょう。

まず次の文の意味を考えてみてください。

At the summit there should be one mind playing over the whole field, faithfully aided and corrected but not divided in its integrity.

この英文を「頂上では、全体の野原の上を遊ぶ1つの心があるべきだ。それは忠実に助けられて、修正されているが、統一性において分けられていることはない」と和訳する人は、内容がさっぱりわかっていません。

ここで知っておくべきことは、英単語は多義的であるということです。**summit** に「首脳会議」、**mind** に「人」の意味があることに注目すると、

「首脳会議では、誠意を持って支えられ、間違っていることがあれば正されるのだが、大きな枠組みにおいては、決して迷いはないような人が1人いて、全体を見渡しているべきである」となります。

なお、ここで出てきたTOEIC頻出の重要語であるdivideとintegrityの用法をチェックしておきましょう。

参考1：**divide**（分裂させる）の三用例
(a) Opinions were divided on this issue.
（この問題には賛否両論がある）
(b) They are always divided over which party to vote for.
（彼らはどの政党に投票するかでいつも意見が分かれる）
(c) She is divided between entering university and taking a job.
（彼女は進学か就職かで迷っている）

参考2：**integrity** の二義（人の「誠実さ」と物の「まとまり」）
(a) He showed integrity. ［＝ He displayed integrity.］
（彼は誠意を見せた）
(b) Removing the chapter destroys the integrity of the book.
（その章を削除するとその本はまとまりがなくなる）

語彙言い換え問題大特訓②

制限時間3分

下線の単語の言い換えに最も適切な単語を選択肢の中から選びなさい。

FurnitureTrend.Com
通販での決まり事

Payment Method:
We accept payments via bank wire-transfer. During your order checkout, our system will provide you with your purchase details and invoice total. Upon your confirmation, the invoice total will be directed to your address, based on the payment (1) channel of your choice.

For payments via bank wire-transfer, our bank information is shown during order checkout. Kindly include the actual shipping charge when making the wire-transfer. We will e-mail you the invoice total for your (2) reference.

Shipment Discrepancies:
(3) Discrepancies such as missing items, errors in quantity and incorrect items shipped, should be reported within 7 days of the receipt of shipment to sales@furnituretrend.com. For shipping damages, if a box looks damaged upon receipt, let the driver know about the situation immediately and if there is damage, contact sales@furnituretrend.com for further instruction. Please do not return damaged boxes, and please throw them away.

All prices, pictures and descriptions on this site and all other publications are (4) subject to change. We maintain no responsibility for (5) inadvertent errors. In the event of typographical errors on our site or in our publications, we reserve the right to cancel or refuse orders at our (6) discretion.

第4章　TOEIC Part 7 語彙言い換え問題大特訓

〈選択肢〉

1. (A) tactic　(B) medium　(C) scheme　(D) base
2. (A) consequence　(B) support　(C) purpose　(D) information
3. (A) disorders　(B) disadvantages　(C) inconsistencies　(D) confusions
4. (A) conditional　(B) liable　(C) provisional　(D) accountable
5. (A) minor　(B) fundamental　(C) accidental　(D) harmful
6. (A) option　(B) concern　(C) inclination　(D) sensitivity

語句：wire-transfer「電信送金」　discrepancy「相違、矛盾」
　　　typographical「印刷上の」

〈解答＆解説〉

1. (B)　(A) 戦略　(B) 情報などの伝達手段　(C) 策　(D) 基盤
channel は「意思疎通などの手段」の意味で、medium に言い換えられる。medium of advertisement「宣伝機関」は重要表現。employ different tactics は「異なる戦略を採用する」。elaborate scheme は「手の込んだたくらみ」。

2. (D)　(A) 結果　(B) 援助　(C) 目的　(D) 参照情報
文脈より「お客様が後で参照できるように」を表し、reference は「参考、参照」の意味。information「参照情報」が言い換え可能。

3. (C)　(A) 混乱　(B) 不利益　(C) 矛盾　(D) 当惑
単語力が問われる問題であるが、文章の前後より discrepancies が「食い違い」を表すことに気づけば inconsistencies を選ぶことができる。data discrepancy は「データの不一致」。put him in complete

disorder は「彼を大混乱に陥れる」。

4. (B) （A）〜次第である （B）〜を受けやすい、法的責任がある
（C）臨時の （D）説明する義務がある

subject to「〜することがある」を言い換えられるのは liable である。conditional on the weather「天気次第である」、provisional budget「暫定予算」、accountable for the accident は「事故のいきさつを説明する義務がある」。

5. (C) （A）些細な （B）根本的な （C）うっかりした
（D）害を及ぼす

単語力が問われる問題だが、文脈より「お客様のうっかりミスには責任を取れない」が読み取れれば正解できる。

6. (A) （A）選択の自由 （B）関心事 （C）傾向 （D）感性

discretion「自由裁量」は freedom（もしくは right, judgment など）に言い換え可能。at one's discretion「思う通りに、〜の判断で」は重要表現。

〈訳〉

FurnitureTrend.Com

お支払い方法について：

　我が社は銀行での電信振り込みを採用しております。お客様が注文して精算なさる時に、ご購入明細および請求合計額をお知らせ致します。ご注文が確定すると、請求合計額の送り状は、お客様の選択したお支払い方法に基づいて、お客様のご自宅宛てとなります。

　銀行による電信振り込みでのお支払いに関しては、我が社の銀行情報がご精算の際に表示されます。振り込みが行われる時に送料も加算されます。ご参考までに、後ほど合計額をメールにてお知らせ致します。

配送商品に関する間違いについて：

　商品不足や数量の間違い、また間違った品物が届くといったミスがあった場合は、配達されてから7日以内に sales@furnituretrend.com までお知らせください。配達時の損害に関しては、(商品配達時に) もし箱が壊れている場合は、即時に配送運転手に知らせ、もし損傷がある場合は sales@furnituretrend.com までご連絡ください。破損した箱はこちらに送り返さずに廃棄をお願い申し上げます。

　このサイト上、また他の我が社の出版物（カタログ）等に掲載された価格、写真、商品説明はすべて変更されることがあります。我が社はお客様の不注意による過失に関して一切の責任を負いません。当社のサイトや他のカタログ等での誤植が原因による注文の間違いに関しては、我が社に注文のキャンセルあるいは注文をお断りさせていただく権利があるものといたします。

さらに語彙力アップ！
TOEIC Part 7 言い換えクイズに挑戦②

★次の下線部分について、最も適切に言い換えられる単語を下の選択肢から選びなさい。（制限時間　2分）

1. evaluate job performance at **regular** intervals
2. give the new recruit **explicit** instructions
3. establish **reciprocal** relations
4. make up a **plausible** excuse
5. resort to a drastic measures for **sluggish** consumer demand
6. hold a banquet at the **prestigious** hotel
7. reach **unanimous** agreement at the meeting
8. **Complimentary** breakfast is served every morning.
9. resulted in only a **marginal** increase
10. recognize him as a **resourceful** and innovative leader
11. face **stiff** competition from overseas competitors
12. articulate a **legitimate** reason for the discharge
13. at the **tender** age of ten
14. **remote** possibility of restoring the corrupted data
15. bail out the **insolvent** corporation

(**A**) gratuitous　(**B**) slow　(**C**) negligible
(**D**) straightforward　(**E**) bankrupt　(**F**) clever　(**G**) leading
(**H**) believable　(**I**) young　(**J**) unified　(**K**) unlikely
(**L**) valid　(**M**) formidable　(**N**) mutual　(**O**) periodic

第4章　TOEIC Part 7 語彙言い換え問題大特訓

〈解答＆解説〉

1. **(O)**　「定期的に仕事ぶりを査定する」。at regular intervals「定期的に」。periodic meeting「定期集会」。

2. **(D)**　「新入社員にわかりやすい説明をする」。explicit は「（説明などが）はっきりした」と「（内容などが）露骨な」の2つの意味が重要。straightforward answer「明快な回答」。

3. **(N)**　「信用のできる相互関係を築く」。on a reciprocal basis「相互に」も覚えておこう。mutual understanding「相互理解」。

4. **(H)**　「もっともらしい言い訳を考え出す」。plausible は「まるで本当のような」の意味。

5. **(B)**　「低迷する個人需要に抜本的な対策を講じる」。sluggish sales「伸び悩む売り上げ」も覚えておこう。

6. **(G)**　「一流ホテルで晩餐会を行う」。prestigious university「一流大学」。leading company「一流企業」、leading automaker「大手自動車メーカー」。

7. **(J)**　「会議で全員一致の同意に達する」。unanimous approval「満場一致」。

8. **(A)**　「毎朝無料の朝食が出されます」。complimentary shuttle bus service「無料の送迎バスサービス」。gratuitous service「無料奉仕」も重要。

9. **(C)**　「ごくわずかの増加に終わった」。marginal improvement「わずかな改善」。negligible impact「わずかな影響」。

10. **(F)**　「問題処理能力と創造力に富むリーダーとして彼を評価する」。

clever idea「うまい考え」。

11. (M) 「海外の競争相手からの激しい競争に直面する」。stiff は多義語で「過酷な」の意味があり、formidable「手強い」に言い換えられる。formidable task「手のかかる仕事」も覚えておこう。

12. (L) 「解雇の正当な理由を述べる」。legitimate grounds「正当な根拠」。valid passport「有効なパスポート」。

13. (I) 「弱冠10歳で」。tender は多義語で、他に with tender loving care「手塩にかけて」がある。

14. (K) 「壊れたデータを修復できる可能性はほとんどない」。remote は「可能性などがわずかの」の意味。

15. (E) 「破綻した会社を救済する」。become insolvent「破産する」、insolvent bank「破綻した銀行」は重要フレーズ。

第4章　TOEIC Part 7 語彙言い換え問題大特訓　211

コラム

英文読解基礎体力強化語彙編②
数字の英語に注意！

　今回は、数字の英語について勉強しましょう。まず、次の英文の意味を考えてみてください。

What is the greatest whole number such that the sum of 5 and the product of 5 and that whole number is less than 20?

　such that ... の「…という条件の」という意味を知っているとして、この英文を直訳すると、「5と5とあの全体の数の生産物との合計が20以下になるような、最も偉大な全体の数は何であるか？」となり、さっぱりわかりません。実は、**sum** は「和」、**product** は「積」、**whole number**（= integral number, integer）は「整数」という意味の数学用語です。ご参考までに、**remainder** は「差」、**quotient** は「商」です。

　例題の場合、the sum of 5 and the product of 5 and that whole number is less than 20を分析すると、the sum of A and B（AとBの和）、the product of C and D（CとDの積）において、A＝5、B＝ the product of 5 and that whole number、C＝5、D＝ that whole number なので、この部分は、5＋（5×D）＜20を表しています。そこで意訳すると、「5に5とある整数の積を加えた数が20未満である最大の整数は何か？」となります。

　こういった「数の英語」は、TOEICでは売り上げなど数値を示した表や図がありうるし、サイエンスやビジネスなどでも重要です。次のような数に関係する表現を押さえておきましょう。

☐ a group of three（3人のグループ）
☐ three of us（我々のうちの3人）/ the three of us（我々3人）
☐ once in three weeks [once every three weeks]（3週間に1回）
☐ every other day[week, month]（1日［1週間、1カ月］おきに）
　every three days は「3日ごとに（2日おきに）」
☐ one out of (every) three（3人に1人が）
☐ on the third（3日に）/ on the third day（3日目に）
☐ 小数：3.14＝ three point one four / 0.333... ＝ point three recurring
☐ 分数：36分の7＝ seven over thirty six

語彙言い換え問題大特訓③

制限時間3分

下線の単語の言い換えに最も適切な単語を選択肢の中から選びなさい。

Pinot Bistro in New Orleans
一度は行ってみたいニューオリンズの超グルメレストラン

Pinot Bistro, a culinary landmark, was opened in 1921 in New Orleans as a small 35-seat restaurant. When the original owner, Bill Raymond retired in 1955, the restaurant was taken over by an internationally (1) acclaimed chef, Mark Davis. Now in its third generation of owners, it is still family-owned and is operated by Amelia Nelson, Mark Davis's daughter and her husband John Nelson.

The (2) leading gourmet critic Lucy Mayson of the Louisiana Times put Pinot Bistro on the map on March 2, 1979 when she rated the Bistro's clam chowder as the best in New Orleans out of 35 other restaurants. Thirty years later, in September 2009, the Oscar-winning actor Jeffrey Lewis, said in an interview on TV, "The Pinot Bistro makes the best clam chowder in the world. If you come to New Orleans, you NEED to go to the restaurant... it never fails to satisfy gourmets who have dainty (3) palates from anywhere in the world."

Our award-winning apple pies are also baked on our (4) premises and shipped from coast to coast. We have been featured in numerous television and film productions and are proud that we are still acknowledged for having the best clam chowder in town.

This year we celebrated our 72nd birthday. From our (5) humble beginnings as a 35-seat diner, we have tripled in size to the thriving operation we are today. The Pinot Bistro is an authentic restaurant that others often try to imitate, but can never (6) duplicate.

第4章　TOEIC Part 7 語彙言い換え問題大特訓

〈選択肢〉

1. (A) qualified　(B) favorable　(C) celebrated　(D) favorite
2. (A) trendy　(B) dominant　(C) marketable　(D) eminent
3. (A) taste　(B) craving　(C) sense　(D) flavor
4. (A) district　(B) venue　(C) lobby　(D) site
5. (A) modest　(B) customary　(C) dramatic　(D) initial
6. (A) respond　(B) correspond　(C) revive　(D) copy

語句：culinary「料理の」　put ... on the map「…を有名にする」
triple in size「大きさが3倍になる」

〈解答&解説〉

1. (C)　(A) 適任の　(B) 好都合な　(C) 著名な、世に知られた
　　　　(D) 一番好きな
acclaim「高く評価する」は重要単語。celebrated writer は「著名な作家」。favorable economic condition は「好況」。

2. (B)　(A) 流行の　(B) 有力な　(C) 売り物になる　(D) 有名な
dominant の直訳は「支配的な」。文脈より「有力な、第一線の」の意味で leading の言い換えとなる。marketable skill「即戦力のあるスキル」は TOEIC 重要表現。

3. (A)　(A) 味覚　(B) 嗜好　(C) 感覚　(D) 風味・趣
have a dainty palate で「舌が肥えている」を表す。have a craving for something spicy「何か辛いものが食べたい」も覚えておこう。

4. (D)　(A) 地区　(B) 会場　(C) ロビー　(D) 建物の敷地
premise は「店舗、敷地」の意味で、site「建物のある敷地や事件の現場」が正解。on company premises「社屋内で」は重要表現。venue は主に会議やコンサートなどイベント会場を表す。financial district「金融街」や on-site inspection「現地視察」も重要。

5. (A) （A）地味な　（B）習慣となっている　（C）目覚ましい
　　　　　（D）初期の

文脈「もともとは小さくて簡素なレストラン」より modest が正解。conform to customary practices「通例に従う」、initial cost「初期費用」も覚えておこう。

6. (D) （A）応答する　（B）連絡する　（C）復活させる
　　　　　（D）複製する

duplicate「複製する」を言い換えできるのは copy となる。respond promptly to the budget issue「その予算問題に即座に対応する」、correspond with him by e-mail「彼とメールで連絡を取り合う」。また、duplicate key「合鍵」も覚えておこう。

〈訳〉

New Orleans の Pinot Bistro

　Pinot Bistro は1921年に35席の小さなレストランとして New Orleans にオープンした、料理業界において画期的なレストランです。最初の経営者 Bill Raymond が1955年に引退すると、店は世界的に評価の高いシェフ、Mark Davis によって引き継がれました。それ以後3世代に渡って家族経営されており、現在は Mark Davis の娘である Amelia Nelson とその夫、John Nelson によって営まれています。

　Louisiana Times の一流料理評論家である Lucy Mayson が1979年3月2日に Pinot Bistro のクラムチャウダーを、ニューオリンズにあるレストラン35軒の中で最高だと評価したことで、レストランは有名になりました。30年後の2009年9月には、オスカー受賞歴のある俳優 Jeffrey Lewis がテレビのインタビューで「Pinot Bistro は世界一のクラムチャウダーを作る店だ。もしニューオリンズを訪れるのなら、絶対に Pinot Bistro に行くべきだよ。どんな繊細な舌を持つ世界中のグルメ通でも必ずうなるレストランだ」と語りました。

　受賞歴のあるアップルパイもレストラン内で焼かれアメリカ中に出荷されています。数多くのテレビ番組や映画の中で取り上げられています

第4章　TOEIC Part 7 語彙言い換え問題大特訓　215

が、いまだに最高のクラムチャウダーだと称賛されています。
　今年はオープンして72周年となります。わずか35席の小さな食堂としてオープンしてから、今日までにその3倍の規模にまで成長を遂げてきました。Pinot Bistro は多くの同業者が真似しようとしていますが、決して真似することなどできない正真正銘のレストランです。

さらに語彙力アップ！
TOEIC Part 7 言い換えクイズに挑戦③

★次の下線部分について、最も適切に言い換えられる単語を下の選択肢から選びなさい。（制限時間　2分）

1. **undermine** the workers' morale on the construction site
2. **examine** documents related to the labor issue
3. **acknowledge** his letter of invitation to the party
4. **exercise** caution before making purchases
5. **accommodate** to the new working conditions
6. The newsletter is **distribute**d free.
7. **issue** a certificate after the intensive training
8. **solicit** monetary contributions for the charity
9. **manipulate** data outside the database
10. **lift** a ban on smoking
11. **curb** excessive spending on the traveling costs
12. **undergo** two major surgeries in a short period of time
13. **honor** the agreement on subsidies
14. **facilitate** the shipping procedure
15. **impose** a fine on violation of the safety regulations

(A) deliver　(B) adapt　(C) control　(D) provide　(E) levy
(F) respond to　(G) seek　(H) sustain　(I) scrutinize
(J) revoke　(K) simplify　(L) observe　(M) apply
(N) diminish　(O) falsify

第4章　TOEIC Part 7 語彙言い換え問題大特訓　217

〈解答&解説〉

1. (**N**) 「建設現場作業員の士気を弱める」。undermine workers' solidarity「労働者たちの連携を損なう」、diminish its appeal gradually「徐々にその魅力を損なう」。

2. (**I**) 「労働問題に関する書類をよく調べる」。scrutinize the fine print「細則を注意して読む」も覚えておこう。

3. (**F**) 「彼にそのパーティーの招待状を受け取ったことを知らせる」。acknowledge は「文書などの到着を知らせる」のほか、acknowledge one's gift「贈り物に感謝する」も重要。

4. (**M**) 「買う前に注意する」。共に「権力や影響を及ぼす」を表す重要単語。apply common sense「常識を働かせる」。

5. (**B**) 「新しい労働条件に適応する」。accommodate to ～は「～に順応する、適応する」の意味があり重要。また、他動詞で accommodate consumers' demands「客の要望に応える」、accommodate 50 guests「50人のゲストを収容する」なども覚えておこう。

6. (**D**) 「そのニュースレターは無償で配信されている」。distribute meeting materials「会議資料を配る」も重要。

7. (**A**) 「その集中訓練の後で証明書を発行する」。issue a driver's license「運転免許を発行する」も覚えておこう。

8. (**G**) 「チャリティーのために金銭的な援助を求める」。solicit funds「資金を集める」も重要。

9. (**O**) 「データベースの外でデータを操作する」。falsify sales data「売上データを改ざんする」や data manipulation「データ操

作」も重要。

10. **(J)** 「喫煙を解禁する」。lift「解除・撤廃する」は重要単語。revoke a license「免許を取り消す」。

11. **(C)** 「出張経費の使い過ぎに歯止めをかける」。どちらも「控える」を表す。curb CO_2 emissions「二酸化炭素の排出を抑える」。

12. **(H)** 「短期間に大きな手術を2回経験する」。sustain an injury「傷害を被る」。

13. **(L)** 「補助金に関する協定を守る」。honor the request「要請を受け入れる」。

14. **(K)** 「発送手順を容易にする」。simplify the tax system「税制度を単純化する」。

15. **(E)** 「安全規則の違反に罰金を科す」。impose は「負担・義務をかける」。他に impose a financial burden on parents「親に金銭的負担をかける」も重要。

英文読解基礎体力強化語彙編③
特殊な表現に強くなる

コラム

　TOEIC問題に出る特殊な言い回しを知っておくことが、TOEIC攻略のカギになります。例えば、記入用紙に出る特殊な表現に慣れておきましょう。次の英文の意図するところは何であるか考えてみましょう。
(1) Please **print** your name.
(2) Other than your name and social security number which are required, you may complete every **field** of the form, some of the fields, or none of the fields.
　それぞれの和訳は次の通りです。
(1) 名前を活字体で書いてください。
(2) 名前と社会保障番号の記入は必須ですが、それ以外は、すべて記入してもいいし、いくつかだけでもいいし、全然記入しなくてもいい。
　(1)のprintは必須表現で、「名前を印刷してください」ではありません。しかし、She printed three copies from each negative.（彼女はそれぞれのネガから3枚ずつ焼きつけた）の場合は、意味が変わります。また、(2)のfieldは「項目」を表します。
　次に、契約書などで頻出する注意すべき表現を挙げてみましょう。
(3) **Unless otherwise** expressly permitted hereunder, no other server or network use of the Software is permitted.
　これは、次の（　　）内の表現が、主文の主語と内容的に重なるので、省略された形です。
(3)' Unless (other server or network use of the Software is) otherwise expressly permitted hereunder, no other server or network use of the Software is permitted.
訳：(本件ソフトウエアを他のサーバーやネットワークで使用することが) 本契約の他の条項により明確に許可されている場合を除き、本件ソフトウエアを他のサーバーやネットワークで使用することは禁止するものとする。
　No other useで始まる条項も多いので注意しましょう。
(4) **No other use** of the content provided on this website is authorized.（本ウエブサイトで提供される内容を他で使用することは認めない）

語彙言い換え問題大特訓④

制限時間3分

下線の単語の言い換えに最も適切な単語を選択肢の中から選びなさい。

PRIVACY POLICY FOR AIR-GATEWAY TRAVEL
あなたの個人情報は漏れていない？

Air-Gateway Travel values your privacy and is dedicated to protecting your personal information and providing you with information we collect.

Air-Gateway Travel logs IP addresses in order to improve security, analyze trends and (1) <u>administer</u> the site. We may track your movement within the site, the pages from which you were (2) <u>referred</u>, access times and browser types. We only use this information in (3) <u>aggregate</u> and do not disclose your personal information to others for any reason.

To (4) <u>gauge</u> the effectiveness of our site, we do collect some (5) <u>generic</u> information about our visitors. Our web servers automatically recognize a visitor's domain name, the web page from which a visitor enters our site, which pages a visitor visits on our site, and how much time a visitor spends on each page. We may use (6) <u>anonymous</u> tracking technologies to collect, store and sometimes track information for statistical purposes and to improve the products and services we provide. We aggregate this information and use it to evaluate and improve our site.

第4章　TOEIC Part 7 語彙言い換え問題大特訓

〈選択肢〉

1. (A) maneuver (B) manipulate (C) operate
   (D) oversee
2. (A) transmitted (B) implicated (C) directed
   (D) implied
3. (A) total (B) moderation (C) alteration
   (D) repression
4. (A) notify (B) acquire (C) secure (D) determine
5. (A) comprehensive (B) conclusive (C) decisive
   (D) exclusive
6. (A) secretive (B) undesirable (C) selective
   (D) unidentified

〈解答＆解説〉

1. **(C)**　(A) 操縦する　(B) 操る　(C) 運営する
   (D) 仕事などを監督する

administer は多義語で、文脈よりこの場合は「管理・運営する」。administer the survey「調査を行う」も TOEIC 重要表現。manipulate the market「市場を操作する」、oversee the newly hired manager「新規採用されたマネージャーを監督する」。

2. **(C)**　(A) 送信された　(B) 影響された　(C) 導かれた
   (D) 暗に意味された

文脈の「お客様がどのページからサイトを訪れたか」より、「どのページから導かれたか」を表す directed が正解。implicated in illegal transactions「違法取引に関与している」。

3. **(A)**　(A) 総計　(B) 節制　(C) 変化　(D) 抑制

aggregate は「情報などの集約・統合」の意味で、**total** に言い換え可能。in aggregate で「総計して、全体として」を表す。drink in moderation

「節度を保って飲酒する」も覚えておこう。

4. (D) （A）知らせる　（B）取得する　（C）確保する　（D）決定する
文脈より「効果を測定して正しく判断する」は determine「（効果の具合を）決定する」に言い換え可能。notify all the employees of the renovation beforehand「改装について全従業員に前もって通知する」。secure a conference room「会議室を確保する」。

5. (A) （A）広範囲に及ぶ、総合的な　（B）最終的な　（C）決定的な
　　　　（D）独占的な
generic「包括的な」は comprehensive「広範囲に及ぶ」に言い換えられる。generic business strategy「包括的なビジネス戦略」、comprehensive analysis「総合的解析」、decisive factor「決定的な要因」も重要。

6. (D) （A）秘密主義の　（B）好ましくない　（C）目が肥えた
　　　　（D）身元が特定できない
anonymous「匿名の」は最重要単語。anonymous survey「匿名アンケート」のようにも使われる。remain unidentified「身元がまだわかっていない」。secretive「（性格が）隠したがりの」は secret「秘密の」との意味の違いに注意。highly secretive nature で「非常に隠したがりの性質」となる。undesirable behavior at the office「オフィスでの望ましくない行動」も覚えておこう。

〈訳〉

Air-Gateway Travel の個人情報保護方針に関して

　Air-Gateway Travel はお客様の個人情報を大切に扱い、その保護と、お客様への情報提供に全力を注ぎます。

　Air-Gateway Travel はセキュリティーを改善し、流行を分析し、サイトを運営するために IP アドレスを用いております。我が社はお客様のサイト内での動きや、お客様がどこのサイトからこちらのサイトに来

たか、またアクセスの時間やブラウザのタイプなどを追跡することもあります。我が社はこれらの情報を総合的に活用し、いかなる理由でもお客様の個人情報を他に開示することはありません。
　当社サイトの有効性を測るため、我が社はサイトを訪問されたお客様の包括的な情報を集めます。当社のウェブサーバーは訪問者のドメインネームや、どのウェブサイトから当社サイトに来たのか、当社サイトのどのページを見るのか、また各ページでどのくらい時間を費やすのかなどを自動的に把握します。また、情報の集積や統計上の目的のため、我が社の製品やサービス向上のために匿名の追跡技術を用いることもあります。我が社はこれらの情報を集め、当社のサイトを査定し、改善するために使用させていただきます。

さらに語彙力アップ！
TOEIC Part 7 言い換えクイズに挑戦④

★次の下線部分について、最も適切に言い換えられる単語を下の選択肢から選びなさい。（制限時間　2分）

1. **grant** them permission to smoke in the designated area
2. **supervise** inspections of all equipment
3. **discourage** long-term investments
4. **vacate** the office in the vicinity of the airport
5. **withhold** important information regarding the merger
6. **deduct** 3% of the salary for the pension plan
7. **enforce** new regulations on waste disposal
8. **dispatch** the package immediately
9. **terminate** the employment contract
10. **anticipate** a huge drop in retail sales
11. **compensate** them for the defective items
12. **formulate** a budget to renovate the main entrance
13. The figures **represent** a large increase in sales.
14. **finalize** a loan contract
15. **dispose of** waste products

(A) foresee　(B) subtract　(C) abandon　(D) prepare
(E) oversee　(F) conceal　(G) give　(H) implement
(I) conclude　(J) reimburse　(K) discard　(L) inhibit
(M) forward　(N) exhibit　(O) discontinue

第4章　TOEIC Part 7 語彙言い換え問題大特訓　225

〈解答＆解説〉

1. **(G)**　「彼らに指定された場所での喫煙を許す」。grant は「許可を与える」。grant a patent「特許を交付する」も覚えておこう。

2. **(E)**　「すべての設備検査の監督をする」。oversee employees' activities「従業員の行動を監視する」。

3. **(L)**　「長期的な投資を阻む」。discourage consumption「消費を萎えさせる」。inhibit creativity「創造性を阻む」。

4. **(C)**　「その空港近くの事務所を立ち退く」。vacate「立ち退く、明け渡す」は abandon「放棄する、去る」に言い換え可能。

5. **(F)**　「その合併の情報を言わないでおく」。withhold「出し惜しみをする」は conceal「秘密にする」に言い換え可能。concealed camera「隠しカメラ」。

6. **(B)**　「給料の3%を年金に引き落とす」。subtract 2 from 6「6から2を引く」。

7. **(H)**　「廃棄物処理に関する新しい条例を実施する」。implement a new sales strategy「新しい販売戦略を実施する」。

8. **(M)**　「直ちにその荷物を送る」。forward は「転送する」の意味もある。dispatch relief goods「救援物資を送る」も覚えておこう。

9. **(O)**　「労働契約を打ち切りにする」。どちらも「継続していたことを止める」を表す。discontinue the production「製造を打ち切る」。

10. **(A)**　「小売販売の大幅な減少が見込まれる」。anticipate には「支

払い期限までに返済する」の意味もあり、anticipate monthly payment「月々の支払いを早めに済ます」も重要。

11. **(J)** 「彼らにその欠陥商品の賠償をする」。reimburse workers for the traveling expenses「従業員に出張費の払い戻しをする」。

12. **(D)** 「正面玄関を改装する予算を組む」。formulate a basic plan「基本計画を立てる」。prepare a workable plan「実際的なプランを作成する」も覚えておこう。

13. **(N)** 「その数値は大幅な売り上げを表す」。exhibit a sense of responsibility「責任感のあるところを示す」も重要。

14. **(I)** 「ローン契約をまとめる」。finalize the details「最終案をまとめる」。

15. **(K)** 「廃棄物を処分する」。discard the misconceived idea「誤解した考えを捨てる」。

コラム 英文読解基礎体力強化語彙編④ 意外な意味に強くなる

I denied her nothing. を「私は彼女に何も否定しなかった」と訳したら意味がわかりにくいですね。deny は、SVOO の文型では、「人に物をあげない」という意味になるので、「彼女に何でもあげた（ので彼女に甘かった）」となります。では、次の文はどうでしょう。

The judge **commuted** the death sentence to life imprisonment.（裁判官は、死刑を無期懲役に**減刑した**）

commute には「通勤する」の意味しかないと思っていると、「死刑を通勤した」となってわけがわかりません。

このように、英語の単語は多義語が非常に多く、「意外な意味」があることが多いのです。他にも注意すべき重要な例を挙げておきましょう。

- ☐ **billed as** the best film（ベスト映画と言われる — the bill of a concert は「音楽会のプログラム」の意味）
- ☐ **consume** the town（町を焼き尽くす）
- ☐ **capacity** crowd（満員の客）　☐ local **chapter**（地方支部）
- ☐ **take up** one's station（持ち場に着く）
- ☐ **return** on the investment（投資に対する利益）
- ☐ a three-week **grace** to pay the tax（税金を払う3週間の猶予期間）
- ☐ **a flight of** stairs（一続きの階段）　☐ **double** figures（2桁）
- ☐ **air** the program（番組を放映する）
- ☐ **spot** an error（ミスを見つける）
- ☐ **track** students（生徒を能力別に分ける）
- ☐ **field** many calls（多数の電話対応をこなす）
- ☐ **merit** punishment（罰に値する）
- ☐ **stagger** business hours（時差出勤にする）
- ☐ **report** to the police（出頭する）
- ☐ **produce** a ticket（切符を取り出して見せる）
- ☐ **float** a bond（証券を発行する）
- ☐ **arrest** the spread of the disease（病気の蔓延をくい止める）

語彙言い換え問題大特訓⑤

制限時間3分

下線の単語の言い換えに最も適切な単語を選択肢の中から選びなさい。

HOW TO REQUEST A RAISE
給料アップは社長と直接交渉！

Dear Mr. Dyer:

This formal letter is in reference to the revision of my position responsibilities and duties as it (1) pertains to the mission of this successful organization. I'm grateful for the opportunity to work for your company and I enjoy doing so. I hope you'll agree that, in the two years I've worked for you, I've become an (2) integral member of your team and accomplished many company goals.

However, I find it (3) imperative to respectfully request a raise, for which my duties are a bit (4) abundant considering my present salary. I'm still working for the initial salary on which we agreed two years ago. As I recall, we also agreed to renegotiate my salary in two years based on my accomplishments, and that time has come. In light of my accomplishments, I'm respectfully requesting an immediate pay raise of seven percent, to be followed in six months by a performance-based pay raise of an additional three percent.

But I'm willing to negotiate our agreement. If you would like to have a meeting to discuss this matter, please let me know. If I don't hear from you by June 14, I will assume that you've (5) waived our meeting because you've agreed to my (6) terms.

I look forward to continuing to be a key player on your team in a mutually-rewarding relationship.

Sincerely yours,

Peter Gregory

Peter Gregory
Sales Department

第4章　TOEIC Part 7 語彙言い換え問題大特訓　229

〈選択肢〉

> 1. (A) refers　(B) applies　(C) relates　(D) belongs
> 2. (A) dedicated　(B) grave　(C) indispensable
>   (D) notable
> 3. (A) serious　(B) crucial　(C) desperate　(D) appealing
> 4. (A) extensive　(B) exhaustive　(C) exceptional
>   (D) explicit
> 5. (A) disposed　(B) withheld　(C) forgone
>   (D) retrieved
> 6. (A) conditions　(B) situations　(C) circumstances
>   (D) perspectives

語句：in reference to ...「…に関しての」
　　　in light of ...「…を考慮すると」
　　　performance-based pay「能力給」

〈解答 & 解説〉

1. (C)　(A) 引用する　(B) 適用する　(C) 関連する　(D) 所属する
単語力を問う問題だが、前後の意味より「会社の成功に関係のある任務」が読み取れれば解ける問題。related specification「関連仕様書」。

2. (C)　(A) 熱心な　(B) 重大な、深刻な　(C) 欠かすことができない
　　　　　(D) 有名な、注目すべき
文脈より「必要不可欠な」に言い換えられる indispensable「欠かすことのできない」が正解。grave issue「深刻な問題」、grave error「重大な過失」は重要。notable development「顕著な発展」。

3. (B)　(A) 真面目な　(B) 重要な　(C) ほしくてたまらない
　　　　　(D) 魅力的な
文脈の「絶対に必要な、急を要する」を言い換えできるのは (B) crucial「重要な」。desperate financial situation「絶望的な財政状態」も覚え

ておこう。

4. **(A)** (A) 広範囲の、豊富な　(B) 消耗させる　(C) 並外れた
　　　　(D) あからさまな

abundant「豊富な」は文脈より「仕事の責任が多い、広範囲に及ぶ」の意味で extensive に言い換えられる。
このほか extensive collection「豊富な品ぞろえ」も重要。exhaustive investigation「徹底調査」。explicit guidance「理解しやすいガイダンス」。

5. **(C)** (A) 処分した　(B) 与えないでおいた　(C) 見送った
　　　　(D) 検索した

waived は「権利などを放棄した」であるが、文脈より「会うのを控えた」意味で forgone が正解。withheld は「持っているものを出し惜しみした」の意味で文脈に合わない。

6. **(A)** (A) 条件　(B) 状況　(C) 環境　(D) 考え方

terms は複数形で「契約の条件」を表し、conditions に言い換え可能。

〈訳〉

昇給の交渉の仕方

Dyer 様

　この度は成功の一途をたどる我が社での私の業務内容の見直しに関してご連絡させていただきます。私はこの会社で勤務できることに大変感謝し、喜びも感じております。この2年間の勤務で、私は我が社にとって必要不可欠なメンバーの一員となり、多くの業績を上げて参りました。
　しかしながら、私の現在の給料を考慮すると私の業務量はかなり多く、昇給のお願いをさせていただくのはやむを得ないことであります。私はいまだに2年前に契約させていただいた頃の、入社した当時での報酬で勤務しております。思い返せば、当時は2年後に私の業績に基づいて報

酬を交渉できると同意を得ており、今まさにその時が来たと思います。私の業績を考慮に入れますと、7％の昇給を早急にお願い申し上げたく、また能力給として半年の間に追加であと3％の昇給をお願い申し上げます。

　しかし、この件に関しては同意のもとに交渉させていただきたいと思います。お話しできる機会がありましたら、お知らせください。もし6月14日までにご連絡がない場合は、Dyer氏はこの条件に同意し、話し合いの場を持たなかったものとさせていただきます。

　今後とも我が社で互いに実り多い関係を維持し、引き続き主力メンバーとして勤務させていただきたいと存じます。

敬具

Peter Gregory
営業部

さらに語彙力アップ！
TOEIC Part 7 言い換えクイズに挑戦⑤

★次の下線部分について、最も適切に言い換えられる単語を下の選択肢から選びなさい。（制限時間　2分）

1. admit **liability** for the accident
2. make **amendments** to the legislation
3. struggle with the financial **predicament**
4. question the **credibility** of opinion polls
5. **confiscation** of the personal belongings
6. give him **feedback** regarding his presentation
7. **conformity** to the environmental agreement
8. interpret it as a gesture of **goodwill**
9. get involved in the malpractice **litigation**
10. act in **defiance** of the regulations
11. have the appropriate **certificate** for the position
12. have a 30 percent **share** in the online business
13. The non-fiction achieved its **acclaim** worldwide.
14. replace the trash **bin** with a new one
15. **Disclosure** of confidential information is strictly prohibited.

(A) credentials　(B) comment　(C) accountability
(D) exposure　(E) non-compliance　(F) admiration
(G) friendship　(H) validity　(I) lawsuit　(J) receptacle
(K) hardship　(L) adherence　(M) stake　(N) revisions
(O) seizure

第4章　TOEIC Part 7 語彙言い換え問題大特訓

〈解答&解説〉

1. **(C)**　「その事故に対する法的責任を認める」。どちらも「責任」という意味で類語だが、liability は「法的責任」、accountability は「企業などの説明責任」を表す。

2. **(N)**　「その法例に修正を加える」。revision of the contract「契約の修正」、draft amendments「修正案」。

3. **(K)**　「財政的な苦境に苦しむ」。どちらも「苦境」を表す重要単語。face a predicament「苦しい状況に直面する」。

4. **(H)**　「その調査の有効性を疑問視する」。validity「妥当性、有効性」は重要単語。validity date「使用期限」も覚えておこう。

5. **(O)**　「個人所有物の押収」。seizure of property「財産の差し押さえ、没収」。

6. **(B)**　「彼のプレゼンの感想を言う」。consumer feedback「消費者の反応」。

7. **(L)**　「環境に関する取り決めの順守」。adherence to principles「信念に忠実であること」。

8. **(G)**　「それを善意の意思表示と見なす」。goodwill「親善」は friendship, kindness に言い換えられる。

9. **(I)**　「その医療過失訴訟に巻き込まれる」。file a lawsuit「訴訟を起こす」は最重要フレーズ。

10. **(E)**　「規制を無視して行動する」。in defiance of ...「…に逆らって、無視して」は最重要。

11. (**A**) 「その仕事にふさわしい資格がある」。authorization credential「許可証明書」。

12. (**M**) 「そのネットビジネスに30%出資している」。stake は「出資金」を表す重要単語。acquire a 10% stake「10%出資参加する」。

13. (**F**) 「そのノンフィクションは世界的な称賛を浴びた」。acclaim「称賛、高い評価」は重要単語。earn great acclaim「絶賛を博す」、have great admiration for him「彼には大いに感服する」。

14. (**J**) 「ゴミ箱を新しいのに取り換える」。どちらも「容器、入れ物」を表す重要単語。他に garbage bin などとも言う。

15. (**D**) 「秘密情報の開示は厳しく禁止されている」。exposure of the scandal「その不祥事の暴露」は最重要。

第4章　TOEIC Part 7 語彙言い換え問題大特訓　235

コラム

英文読解基礎体力強化語彙編⑤
高度な語彙に強くなる

次の英文の意味を言えますか？　下線部はややレベルの高い単語です。日本語らしく訳してみましょう。

(1) We have fallen into a vicious circle of the **overrun** at issue and an increased number of unsold goods being returned.
(2) With a bit of luck I will soon get to know some of the **top-notch** people in the industry.
(3) Fancy meeting you here. Are you **hoodwinking** your boss to hang around?
(4) I'm **flush** today; I'll treat you to dinner.
(5) Please dispose of documents you no longer need by **incineration**.
(6) She never lets her hair down. I think no one can **chum** up with her easily.

日本語らしい訳は次の通りです。
(1) 問題視されている**過剰生産**と返品増の悪循環に陥っています。
(2) あわよくば、業界の**トップの**方々と知り合いになれるかなと思っています。
(3) こんなところでお会いするとは。上司**の目をごまかして**、油を売っているの？
(4) 今日は**お金がある**から、夕食をおごるよ。
(5) 不要になった書類は**焼却**処分にしてください。
(6) 彼女は隙がない人ですね。**付き合い**にくいタイプです。（chum は「仲良くする」の意味）

　(1) の increased number は「（結果として）増えてしまった数」というニュアンスで、increasing number なら「増えつつある数」ということになります。unsold goods being returned は being returned（現在分詞句）が unsold goods を修飾しているのであって、being returned（動名詞句）の意味上の主語が unsold goods というのではありません。

語彙言い換え問題大特訓⑥

制限時間3分

下線の単語の言い換えに最も適切な単語を選択肢の中から選びなさい。

ANNE BLEEKER
VETERAN PRODUCER IN THE MOVIE INDUSTRY
この輝かしいキャリアに注目！

Anne Bleeker has (1) supervised numerous BBC Award winning projects. She has an extensive background in (2) mounting profits of millions of dollars in diversified productions all across Europe. Most recently Bleeker was the Executive Producer on *Peaceful Days*, a (3) dramatic motion picture produced in Prague.

Bleeker began her career as an assistant and worked in production budgeting and estimating at Mercury Pictures, Donald Mathew Productions and the (4) illustrious German International Pictures.

On the heels of the (5) phenomenal success of *Great Forefather*, AGH Corporation asked Bleeker to join the company as the Senior Executive. Subsequently she joined its affiliate, MGH Entertainment Group as the Vice President.

Finally, Bleeker joined NBO Pictures Television heading up their worldwide production of television movies, where she ended her executive career and (6) moved into freelance producing.

第4章　TOEIC Part 7 語彙言い換え問題大特訓

〈選択肢〉

```
1. (A) seen    (B) overseen    (C) examined    (D) perceived
2. (A) expending    (B) amplifying    (C) enlarging
   (D) accumulating
3. (A) nostalgic    (B) provoking    (C) affluent    (D) stirring
4. (A) renowned    (B) considerable    (C) generous
   (D) prevalent
5. (A) graceful    (B) stunning    (C) dignified
   (D) discreet
6. (A) transformed    (B) transferred    (C) stepped
   (D) approached
```

語句：on the heels of ...「…の直後に」

〈解答＆解説〉

1. (B)　(A) 見た　(B) 監視した　(C) 調べた　(D) 知覚した
supervise「監督する」は oversee に言い換え可能。また oversee the orientation「新入社員研修を監督する」も覚えておこう。examine documents carefully「書類を注意してよく見る」。

2. (D)　(A) 費やす　(B) 音を大きくする
　　　　　(C) サイズなどを大きくする　(D) たまる、蓄積する
mount「大きくする、増やす」は accumulate に言い換え可能。enlarge photographs「写真を拡大する」も覚えておこう。

3. (D)　(A) 懐かしい　(B) 挑発的な　(C) 裕福な　(D) 感動的な
dramatic「劇的な、見事な」は stirring に言い換え可能。stirring music「心を揺さぶる音楽」、feel nostalgic「懐かしさを覚える」も覚えておこう。また affluent upbringing「裕福な育ち」は最重要フレーズ。

4. (A)　(A) 有名な　(B) 量が多い　(C) 寛大な　(D) 流行している

illustrious は「著名な、優れた」を表す。illustrious career「輝かしいキャリア」、renowned architect「有名な建築家」や、considerable impact「多大な影響」、make generous contribution「多大な貢献をする」も覚えておこう。

5. (B) (A) 優雅な　(B) 驚くべき　(C) 威厳のある　(D) 控えめな
phenomenal「驚くべき、目を見張るような」は stunning に言い換えできる。achieve stunning success「目覚ましい成功を遂げる」、discreet about the news「そのニュースに関して口外しない」。

6. (C) (A) 変形した　(B) 移動した、乗り換えた　(C) 前に進んだ
　　　(D) 接近した
文脈は「フリーランスで制作することを始めた、手掛けた」で stepped into「始めた、乗り出した」が正解。approach は「こちらに向かってくる・近づく」で「前進する」とは違う。transfer money abroad「海外送金する」。

〈訳〉

映画界の経験豊富なプロデューサー
Anne Bleeker

　Anne Bleeker は今までに数々の BBC 賞受賞プロジェクトを監督してきた。ヨーロッパ全土にある様々なプロダクションで、何百万ドルにも及ぶ利益を上げるという幅広い経験の持ち主である。最近では、Bleeker はプラハで制作されたドラマチックな映画『Peaceful Days』のエグゼクティブプロデューサーを務めた。
　Bleeker はアシスタントとしてキャリアを始め、Mercury Pictures や Donald Mathew Productions や有名な German International Pictures などの映画会社で、映画制作費の予算編成を行った。
　『Great Forefather』の目を見張るような成功の直後に、AGH Corporation は彼女に上級管理職として働くことを依頼し、その後はその関連会社である MGH Entertainment Group で副社長を務めた。

彼女は最終的にNBO Pictures Televisionに入り、世界的なテレビ映画制作の責任者となった。そこは彼女が役員としてのキャリアを終えた場所であり、またフリーランスで映画プロデュースを始める場所となった。

さらに語彙力アップ！
TOEIC Part 7 言い換えクイズに挑戦⑥

★次の下線部分について、最も適切に言い換えられる単語を下の選択肢から選びなさい。（制限時間　2分）

1. The accident was caused by an unfortunate **oversight**.
2. The document is subject to thorough **scrutiny**.
3. overhaul the executive **perquisites**
4. record the highest **turnout** in the last five years
5. cut back huge **overheads** for public transportation
6. achieve a dramatic **turnaround** in the economy
7. Enclosed is the school **brochure** you requested by fax.
8. seek independent **confirmation** of certain details of the story
9. deduct **pension** premiums from the bank account
10. win an **authorization** for the program she wants to push through
11. prepare laboratory **apparatus** for the experiment
12. Everyone admires her **proficiency** in Chinese.
13. recover gradually from the economic **collapse**
14. limit the marketing to a small **segment** of young people
15. establish overwhelming **dominance** in the industry

(A) prospectus　(B) outlay　(C) equipment
(D) participation　(E) portion　(F) negligence
(G) verification　(H) mandate　(I) benefits　(J) supremacy
(K) competence　(L) meltdown　(M) transformation
(N) annuity　(O) examination

第4章　TOEIC Part 7 語彙言い換え問題大特訓　241

〈解答 & 解説〉

1. (**F**) 「その事件は残念な不注意から引き起こされた」。professional negligence「業務上過失」。

2. (**O**) 「その書類は厳しいチェックを受ける」。close scrutiny「厳密な検査」や under careful scrutiny「精密な調査中である」は重要フレーズ。また detailed examination「精密検査」も覚えておこう。

3. (**I**) 「役員の役得を抜本的に見直す」。perquisites「手当、特権」は benefits「利益、利得」に言い換え可能。reduce excessive perquisites「行き過ぎた役得を減らす」。

4. (**D**) 「過去5年間で最も高い出席率を記録する」。final voter turnout「最終投票率」も覚えておこう。

5. (**B**) 「公共交通機関の莫大な費用を削減する」。overheads「諸経費」は outlay「経費、出費」に言い換えられる。fixed outlay「固定支出」。

6. (**M**) 「経済において劇的な建て直しを実現する」。turnaround は transformation「転換、変革」に言い換えできる。economic turnaround「経済復興」、industrial transformation「産業の変革」も重要。

7. (**A**) 「ファックスにてご希望のあった学校案内を同封しています」。online prospectus「ネットで読める案内書」も覚えておこう。

8. (**G**) 「その話のある部分について独自の確証を求める」。confirmation は verification「確認、証明」に言い換えできる。verification code「確認番号」も重要。

9. **(N)**「年金保険料を口座から引き落とす」。life annuity「終身年金」、private annuity「民間年金」は重要表現。また、car insurance premiums「自動車保険の保険料」やsocial security premiums「社会保険料」も覚えておこう。

10. **(H)**「彼女が進めたいプログラムの権限を得る」。mandate「権限」は重要単語。obtain a mandate to investigate the issue「その問題を調査する権限を得る」。

11. **(C)**「その実験のために実験器具を用意する」。alarm apparatus「警報装置」、electric apparatus「電気器具」も覚えておこう。

12. **(K)**「皆が彼女の中国語の実力に感心している」。high level of competence in computer「コンピュータにおける高度な能力」、acquire linguistic proficiency「語学力をつける」。

13. **(L)**「経済破綻から徐々に回復する」。financial meltdown「経済危機」も覚えておこう。

14. **(E)**「マーケットをごくわずかの若者にしぼる」。segment「部分、断片」はportion「一部」に言い換えできる。

15. **(J)**「その産業で圧倒的な地位を誇る」。establish supremacy over competitors「競争相手に対して優位を誇る」も覚えておこう。

みなさん、いかがでしたでしょうか？　これで「語彙言い換え問題」の特訓はすべて終了です。単語を覚えるときは直訳にとらわれず、例文やコロケーションと共にインプットをできる限り多くしておくことが重要です。この大特訓を繰り返し、TOEICで高得点をゲットできるよう真の語彙力をマスターしましょう。ではみなさん、明日に向かって
Let's enjoy the process!（陽は必ず昇る！）

第5章

TOEIC Part 7 超難問攻略大特訓

TOEIC Part 7 超難問攻略大特訓

　第5章では、ここまでの激しい訓練を乗り越えてきたみなさんのために、とてもチャレンジングな練習問題を用意しました。本章の練習問題には、類書にはない以下のような特徴があります。

- 英文の長さが実際の TOEIC よりも長い
- ほとんどすべての問題が実際の TOEIC における難問・超難問レベルばかりである

　本章の練習問題は、いたずらに高度な専門性や語彙力を要求するようなものではありません。長文の語数を増やし、本文の内容や問題を工夫することによって、**正解の根拠が簡単には見つからないように作成されています**。みなさんは本書で学んだ知識やテクニックを存分に発揮しながら練習問題に取り組み、ゆるぎない「正答力」を養っていただきたいと思います。それでは、練習問題の取り組み方をご説明しておきましょう。

1.〈目標解答時間〉内に解答する

　〈目標解答時間〉は、公開テストで900点以上を取るためにクリアしてほしい時間に設定しています。したがって990点満点を目指すみなさんは、遅くとも〈目標解答時間〉内に全問解答することを目指してください。もちろん、漫然と解答していたのでは〈目標解答時間〉内に全問解答することは不可能です。本書で学んだことをフルに活用して、**いかに素早く正確に解答するか**を追求してみてください。

2. 解説を読み、自分の解答の仕方を振り返りながら解説を読む

　どのような難問であろうとも、正解の根拠は必ず本文中に存在します。解説では正解に至る道筋を明示していますので、みなさんの解き方が正

しかったかどうかを確認してみてください。**正解の根拠がはっきりとはわからないまま「なんとなく」答えが合っていても、それは正解したことにはなりません。**どんなに巧妙に隠されていても、確実に正解の根拠を見つけられるようになってはじめて、990点満点にふさわしい実力が身についたといえるのです！　特に難しい問題の解説には、正解の根拠を発見するプロセスを詳しく述べております。じっくり読んで、効率の良い解法を身につけてください。

　また、本章には根本的な英文読解力を養成するためのコラムを4本掲載しています。英文読解の奥深さを味わいながら熟読すれば、単なる「速読」にとどまらない骨太の力が身につくでしょう。

　それでは、次ページから始まる仕上げの訓練を存分にエンジョイしてください！

●練習問題の構成

□ ① article	目標解答時間　10分
□ ② advertisement	目標解答時間　10分
□ ③ notice	目標解答時間　8分
□ ④ article	目標解答時間　9分
□ ⑤ notice	目標解答時間　10分
□ ⑥ advertisement	目標解答時間　7分
□ ⑦ advertisement & letter	目標解答時間　12分
□ ⑧ article & book review	目標解答時間　12分
□ ⑨ advertisement & article	目標解答時間　16分

※〈目標解答時間〉について
　本章の特訓問題の〈目標解答時間〉は**かなり長めに設定されています**。これは、本章の特訓問題についているすべての設問が難問レベルで構成されていることによるものです。

Part 7 超難問攻略大特訓①

目標解答時間10分

Questions 1-3 refer to the following article.

Global Expansion of the Eco-Friendly Car
04/01/2011

WJ Motors has completed a US$40 million equity increase to support further product development and planned expansion into North American markets. With the new equity, WJM is now fully funded and expects to become cash-flow positive in 2012. "The new equity round will help WJM take full advantage of the rapid growth of zero-emission vehicles around the world," said CEO Andrea Philips.

Headquartered in Norway, WJM has raised a total of US$87 million since last August, when it started a new phase of production with a strategic partner, Velvet Automotive of Finland, and has invested heavily in new product development in Europe and Asia. In January, WJM North America – a newly established U.S. subsidiary – announced a new manufacturing facility in Elkhart, Indiana, and recently completed the initial phase of due diligence for a low-cost, long-term loan with the U.S. Department of Energy (DOE) to help fund the North American expansion. The final agreement is expected to be completed in the autumn of this year.

The WJM Pluto was the first highway-capable fully electric vehicle (EV) certified to European safety standards, and it will go on sale in the U.S. later this year. Philips also announced two changes to its Board of Directors. Kevin Clarke was named Chairperson of the Board, effective immediately. Incumbent Chairperson James Hailler was named Vice Chairperson.

　WJM is following an aggressive schedule to mount production at its Indiana plant and plans to begin assembling electric vehicles in Elkhart during the first quarter of 2012. The company will begin selling the WJM Pluto in the U.S. this year. Velvet Automotive is assembling the WJM Pluto at the same plant in Finland where it builds the Thomas and Neptune. The first cars sold in the U.S. will be built in Finland until production in Indiana gets underway in 2012.

1. What is mentioned about WJM Pluto?
(A) It's the first electric car in the world.
(B) It's a pure electric car.
(C) It's an American-made electric car.
(D) It's a hybrid electric car.

2. What is NOT suggested about WJM?
(A) It is currently in a deficit operation.
(B) It has recently announced the replacement of the management.
(C) It has been supported by the U.S. loan program.
(D) It has an affiliate company in the U.S.

3. What is WJM supposed to do in 2012?
(A) Begin to sell its electric vehicle in the U.S.
(B) Relocate its headquarters in the U.S.
(C) Open a new production line in Elkhart
(D) Get a new CEO

〈解答 & 解説〉

1. (**B**) 〈860点レベル〉

> [満点獲得のためのアドバイス] 1つ目の問題ですが、正解の根拠が本文の序盤に書かれておらず、発見するのに苦労した人もいるのではないでしょうか。「**WJM Plute**」**という製品名を検索する**と、これについての記述は第3段落と第4段落に見つかりますので、**選択肢を検討する範囲をこの2つの段落に絞って効率良く解きましょう！**

第3段落1文目に "fully electric vehicle" と書かれているので、(B)「純粋な電気自動車」が正解です。(A)「世界初の電気自動車」とは本文中では述べられておらず、(D)「ハイブリッド電気自動車」は "fully electric vehicle" の記述に反します。(C)「アメリカ製の電気自動車」については第4段落3文目に、WJM Pluto がフィンランドの工場で生産されていることが書かれているので不適です。

2. (**C**) 〈950点レベル〉

> [満点獲得のためのアドバイス] WJM という**本文全体に登場する名詞**についての「言及」型の問題ですので、検討範囲は本文全体になります。この場合は、**1つ1つの選択肢中の具体的表現に注目**し、それについて触れられている**段落を特定**することから始めましょう。

(A)「現在赤字経営である」：第1段落2文目の "**expects to become cash-flow positive in 2012**"（2012年に黒字になると予測される）という記述を裏返すと、この記事が書かれた2011年は **a deficit operation**（**赤字経営**）だと推測でき、本文に合致するので不適。(B)「最近経営陣の交代を発表した」：第3段落2文目の "two changes to its Board of Directors"（取締役会における2つの変更）より本文に合致。(C)「アメリカの貸付プログラムにより支援されてきた」：貸付に関する記述が第2段落の後半の2文に書かれていますが、同段落最終文に**合意は今年の秋になされることが述べられている**ので、これまで支援を受けてきたとする (C) は本文に反することになり、正解と判断します。(D)「アメリカに関連会社がある」：第2段落2文目の "a newly established U.S.

subsidiary"（新設されたアメリカの子会社）から本文に合致し、不適と判断します。

3. (C)〈860点レベル〉

> [満点獲得のためのアドバイス] 問題文中の「2012年」という年に注目します。この記事が書かれたのは2011年ですので、本文中から「2012年」あるいは「翌年」と書かれている部分を探し出してみましょう。すると、**検討箇所は第1段落と第4段落に絞られます**。あとはこの範囲内で、1つ1つの選択肢の内容に関連する箇所を見つけて検討しましょう！

（A）「アメリカで電気自動車の販売を開始する」は第4段落2文目に "The company will begin selling the WJM Pluto in the U.S. this year." とありますが、**this year** はこの記事が書かれた**2011年**だと判断できるので不適。（B）「アメリカに本社を移転する」は本社移転の記述がないので不適。（C）「Elkhart で新たな生産ラインを開始する」は第4段落1文目の "plans to begin assembling electric vehicles in Elkhart during the first quarter of 2012"（2012年 第1四半期中に Elkhart で電気自動車の組み立てを開始する）の内容に一致するので正解と判断します。（D）「新たな CEO を迎える」については本文中に記述がないので不適です。

> 👉 **どうしても正解がわからないときの裏ワザ伝授！**
> 950点レベル以上の問題では、作成者は問題を難しくするために凝った選択肢を作ろうとして逆に墓穴を掘ってしまう場合もあります。それゆえ、選択肢を比較するだけで正解が見えてくる場合もあるのです。例えば問2では、（A）と（C）が経済系の内容、さらに（C）と（D）は U.S. 関連の内容ということで共通点があります。そこから（A）（D）のどちらとも関連を持つ（C）が正解ではないかと予測ができます。もちろんこうした選択肢の比較という裏ワザは困った場合だけの最終手段と考えてください。

〈評価〉

5分以内に全問正解	何回解いても990点レベル
6分以内で全問正解	990点レベル
10分以内で全問正解	900点レベル
15分以内で2問正解	860点レベル

〈語句〉

- ☐ equity 株式資本　☐ cash-flow positive 黒字
- ☐ zero-emission vehicle 排ガスゼロの乗り物、無公害車
- ☐ headquarter 本部を置く
- ☐ strategic partner 戦略的パートナー
- ☐ manufacturing facility 製造工場
- ☐ due diligence デューディリジェンス、適正評価手続き（投資やM&Aなどの取引に際して事前に行う、対象企業の資産等の調査）
- ☐ certify 認証する　☐ Board of Directors 取締役会、重役会
- ☐ incumbent chairperson 現職の会長
- ☐ mount production 生産を開始する　☐ get underway 始まる

〈訳〉

環境にやさしい車の世界進出

2011年4月1日

　WJ Motorsは、さらなる製品開発と北米市場進出に向けた4000万ドルの増資を行った。新たに増資したことで、WJMは自己資本が補充され2012年は黒字経営になることが期待されている。「今回の新たな増資により、我々は世界中の排ガスゼロ車の急成長によって利益を上げることができる」とCEOのAndrea Philipsは述べた。

　Norwayに本社を持つWJMは、去年の8月にFinlandのVelvet Automotiveと新たに戦略的パートナーシップを結んで以来8700万ドルの利益を上げており、ヨーロッパやアジアにおける新製品の開発に重点的に投資してきた。今年1月に、アメリカに新設された子会社の北米WJMは新たな製造工場をIndiana州のElkhartに建設することを発表した。また北米市場拡大の資金を得るために、米国エネルギー省（DOE）から低金利の長期貸付を得るためのデューディリジェンスの第1段階を完了したと発表した。今年の秋に最終的な合意がなされる見通しである。

　WJM製Plutoはヨーロッパ安全基準の認可を受けた、幹線道路を走る最初の完全電気自動車（EV）であり、今年後半にはアメリカでも販売される予定である。Philips氏はさらに、取締役会における2つの変更を発表し、Kevin Clarkeが取締役会長に直ちに就任し、現会長のJames Haillerが副会長になったことを伝えた。

　WJMはIndianaの工場で生産を開始し、2012年第1四半期中にElkhartで電気自動車の組み立てを開始するという積極策を推し進める予定だ。今年中にアメリカでWJM Plutoを販売開始する予定だ。Velvet Automotiveは、ThomasやNeptuneを製造しているFinlandの工場でWJM Plutoを組み立てている。2012年にIndianaの工場が稼働するまでは、アメリカで最初に販売されるWJM PlutoはFinlandで製造されることになるであろう。

Part 7 超難問攻略大特訓②

Questions 1-3 refer to the following advertisement.

Bulldog Steak Wants You!

Bulldog Steak offers great opportunities for growth and career advancement. We are seeking a self-motivated person to join our team where every hour and every day will present you with new, exciting challenges.

■ **WE INVITE YOU TO LOOK AT THE OPPORTUNITIES AVAILABLE**

Sous-Chefs
We are looking for individuals who have a minimum of 3 years of experience. We accept students from culinary trade academies who have graduated in the top 20% of their class. The knowledge of pans and sauces are a prerequisite. The execution and the presentation of the plates are also a must. This person must demonstrate leadership in the absence of the Executive Chef.

Grillperson
We are looking for individuals with a minimum of 5 years' experience working with live charcoal, broilers or grills. The grillperson must have a good understanding of meat (beef) and fresh fish, and be able to handle volume and pressure. This position offers excellent working conditions with the possibility of a 5-day workweek.

Bar Staff
Virtuoso extraordinaire in the science of mixing drinks. Solid experience, attention to detail, and deep knowledge of alcohol beverages are a must to serve the best alcohol to each customer. Ensure all tables and bar counters are clean, properly set and comfortably laid out. Promote special items, upsell and above all entertain! Full-time and Part-time positions available.

Receptionist & Hostess
Candidates must have a good understanding of customer service and be legitimately bilingual to offer cordial service to our customers from around the globe. At least 2 years' experience required. This position requires that the candidate possess the following qualities: Highly motivated, outgoing, and enjoy dealing with the public. Have to be available at all time: day, night, weekend.

■ Employee benefit program includes life insurance.

Join Us!
Print out the form below and bring the completed application into our restaurant to get your career started. For additional information, please visit our website at www.BulldogSteak.com. We are looking forward to meeting you and reviewing your application.

| Download Application ⇒ |

1. What is implied about Bulldog Steak?
(A) It has branches overseas.
(B) It attracts foreign people.
(C) It is not open on weekends.
(D) It accepts applications online.

2. What is true of the working conditions at Bulldog Steak?
(A) It offers some perks to its employees.
(B) Some workers take a business trip.
(C) It employs only full-time staff.
(D) Some workers work around the clock.

3. Which qualification do the four jobs NOT require in common?
(A) Experience
(B) Personality
(C) Education
(D) Expertise

〈解答 & 解説〉

[満点獲得のためのアドバイス] 本文は平易ですが、解答する際には慎重さを要します。本文をパラフレーズした選択肢、本文に直接的な記述がない（けれども本文に合致する）選択肢に気をつけながら解きましょう！

1. (B) 〈860点レベル〉
　(A)「海外に支店がある」：本文中には海外支店に関する記述は一切ないので不適。(B)「外国人の客を引き付けている」：どのような客を引き付けているかに関する直接的な記述はありませんが、「Receptionist & Hostess」の項目の1文目に "to offer cordial service to our customers **from around the globe**"（世界中から来るお客様に心のこもったサービスを提供する）と書かれていることから、外国からも客が来ることが推測できるので正解と判断します。(C)「週末は営業していない」：「Receptionist & Hostess」の項目末尾で weekend（週末）の出勤が要求されていることから、週末にも営業していると推測できますので不適。(D)「オンラインで応募を受け付けている」：最終段落1文目に、応募用紙は印刷して**レストランに持ってくるように書かれている**ので不適。

2. (A) 〈800点レベル〉

募集職種欄の下の"■ Employee benefit program includes life insurance."の記述から（A)「some perks（従業員特典）を提供する」が正解と判断します。(B)「出張がある従業員もいる」：business trip（出張）に関しては「Sous-Chefs」の項目の最終文に「総料理長の不在時に」とあることからの連想を狙っていますが、出張に出ていることを示す記述がない以上、「不在＝出張」と考えてはいけません。(C)「フルタイムのスタッフのみを雇用する」：「Bar Staff」の項目の最後にパートタイムも可であることが明記されているので不適。(D)「24時間勤務の従業員もいる」：「Receptionist & Hostess」の項目の最後に、日中および夜に勤務可能であることが要求されていますが、24時間勤務に関する記述はないので不適です。

3. (C) 〈800点レベル〉

(C)「教育」については「Sous-Chefs」の項目の2文目で触れられているのみで、他の項目内では触れられていないので、これが正解です。(A)「経験」については「Sous-Chef」「Grillperson」の1文目および、「Bar Staff」「Receptionist & Hostess」の2文目に明記されています。(B)「人格」については、「Sous-Chef」最終文の「リーダーシップを発揮する」、「Grillperson」2文目の「仕事量とプレッシャーに対処できる」、「Bar Staff」2文目の「細部への配慮」、「Receptionist & Hostess」3文目の「意欲的で社交的で、人付き合いが上手である」がそれぞれ該当します。また (D)「専門知識」については、「Sous-Chef」3文目の「鍋やソースに関する知識」、「Grillperson」2文目の「肉（牛肉）や鮮魚についての十分な理解」、「Bar Staff」2文目の「お酒に関する深い知識」、「Receptionist & Hostess」1文目の「顧客サービスをよく理解していること」がそれぞれ該当します。

〈評価〉

6分以内に全問正解	何回解いても990点レベル
8分以内で全問正解	990点レベル
10分以内で全問正解	900点レベル
15分以内で2問正解	860点レベル

〈語句〉

- ☐ self-motivated 自発的な、意欲的な ☐ culinary 料理の
- ☐ prerequisite 必須条件、前提条件
- ☐ a must 絶対必要なもの、必須
- ☐ charcoal 炭 ☐ virtuoso 名手、巨匠
- ☐ extraordinaire 並外れて、非凡な ☐ outgoing 社交的な
- ☐ life insurance 生命保険 ☐ around the clock 24時間体制で

〈訳〉

ブルドッグ・ステーキがあなたを求めています！

　ブルドッグ・ステーキがキャリアアップのための素晴らしい機会をご提供します。われわれの仲間になってくれるやる気のある人を探しています。ここでは毎日新鮮でわくわくする挑戦に巡り合えます。

■以下の職種で募集中です。

副料理長

　最低3年以上の経験者を求めています。料理学校を上位20%の成績で卒業した生徒を採用しています。鍋やソースに関する知識は必須です。優れた盛り付けの技術もなくてはなりません。総料理長の不在時にはリーダーシップを発揮していただきます。

焼き物料理人

　炭火焼、ブロイラー、グリルの経験が最低5年以上ある人を探しています。焼き物料理人は肉（牛肉）や鮮魚について十分理解し、多くの仕事をこなし、プレッシャーにうまく対処できる方でなく

てはなりません。週5日勤務の恵まれた労働条件で働くことができます。

バー担当従業員
　お酒を混ぜ合わせる魔法にたけた非凡な名人。1人1人のお客様に最高のお酒をご提供するために、確かな経験、細部への配慮、お酒に関する深い知識は必須です。すべてのテーブルとバーカウンターを綺麗に、適度にそして快適に整えていただきます。オススメの品を宣伝し、売り上げを伸ばし、そして何よりもお客様を楽しませてください！　フルタイムでもパートタイムでも勤務可能です。

受付＆ホステス
　応募者は世界中から来るお客様に心のこもったサービスを提供するために、顧客サービスをよく理解し、かつ完全なバイリンガルでなければなりません。少なくとも2年の経験が必要です。この職種に就くには、意欲的で社交的であること、人付き合いの上手なことが必要です。日中、夜、週末も勤務可能であることも必要です。

■従業員手当には生命保険が含まれます。

今すぐご応募を！
　ご希望の方は用紙をプリントアウトして所定事項をご記入のうえ、私どものレストランにお持ちください。詳細はウェブサイト www.BulldogSteak.com をご覧ください。あなたにお会いし、ご応募について検討できるのを楽しみにしております。

用紙ダウンロードはこちらから ⇒

コラム

英文読解基礎体力強化文法編①
文型

　Insight makes what we read ours. という文を「洞察力は、我々が我々のものを読むことを作る」と訳してしまったとしたら、文型が理解できていないことになります。what we read ours はまとまりではなく、**what we read と ours に分かれます**。そして、what we read が make の目的語、ours が make の補語となっているのです。つまり、この文は、第5文型の文です。意味は、次のようになります。直訳から順番に直訳レベルを下げて（＝意訳レベルを上げて）いってみることにします。

　　直訳＝洞察力は我々が読むものを我々のものにする。
　　意訳＝洞察力があれば、読んだものを自分のものにできる。
　以上を踏まえて、次のような文章の構造が理解できるでしょうか。

　These days we hear it not seldom said that ignorance is the mother of laudation. A falser aphorism has never been encountered by us so far.
　上記の文の文型を理解しない限り、意味が取れません。hear が V、**it が仮目的語（O）、not seldom said の部分が補語（C）、that... は it が指す真目的語**です。すると、1文目は次のような意味になります。

　　直訳＝最近、我々は、無知は称賛の母ということが、めったにではなく言われているのを聞く。
　　意訳＝最近、我々は、無知は称賛の母ということが、よく言われているのを聞く。
　　翻訳＝近頃、無知は称賛の母という言い回しをよく耳にする。
not seldom said（めったに言われないことはない）は often と置き換えられますので、not seldom said は「よく言われている」という意味になるのです。A falser... 以降の訳は、次のようになります。「これほど間違った格言はこれまでにない」。これも直訳すると、「より間違いの格言は、これまで我々によって出くわされたことは決してない」で若干わかりにくいのですが、「より」は「これほど」（A falser aphorism **than this**）というように補足して考えると、わかりやすくなります。

Part 7 超難問攻略大特訓③

Questions 1-3 refer to the following notice.

ETA Workshops
Teaching English to Young Learners

English Teachers Association is pleased to offer once again workshops for teachers of English. Participants may enroll for all three workshops, or for individual workshops. These three workshops are designed as the first part of our Teacher Development Program for English teachers, a consecutive series of workshops running until December. Teachers attending the whole three workshops will receive a certificate at the end of the day. Certificates will not be issued for completion of single workshop.

Date: Saturday, August 25
Place: Downtown Civic Center Room 100

10:00-10:30 Registration

10:30-12:00 Workshop 1 "Classroom management for 5-12 year olds"

Teachers need to take responsibility for creating a respectful, positive and productive learning environment. This first workshop takes a look at strategies for dealing with problematic classroom behavior and ways to instill in the learners respect and routines which will help us create the kind of classroom protocols necessary for effective learning.

12:00-13:00 Lunch

13:00-14:30 Workshop 2 "Creative writing for teens"
Too often we focus on error and accuracy and leave out raw creativity, an essential factor in writing. In this workshop, we will see practical, entertaining, creative writing exercises aimed at building learner confidence, and eventually bringing out the full potential of each individual.

14:45-16:15 Workshop 3 "Integrating grammar with young learners"
From a very young age, we are all equipped to learn to use grammar with ease in our mother tongue. In a sense, teachers of young learners have a considerable advantage over teachers of adults. This workshop looks at how we can integrate grammar with juniors and teens.

16:30-17:00 Discussion / Q & A

Each workshop: $10
Afternoon workshops (2&3) $15
Full-day: $20 (lunch coupon included)
Lunch coupon (buffet): $5
Pre-register by July 31 and get a $5 discount.

If you have to withdraw from the workshops after you have been registered, but no later than August 15, then all the fees you have paid will be returned.

1. What does this notice suggest?
(A) ETA has never offered workshops before.
(B) ETA will offer another related workshop.
(C) The Downtown Civic Center issued this notice.
(D) Participants are required to take all workshops.

2. What is mentioned as specific benefits for participants?
(A) Participants receive reimbursement before lecture days.
(B) ETA grants a certificate to all participants.
(C) Participants can receive a reduction in workshop fees.
(D) A meal ticket is provided to all participants.

3. What is indicated about these workshops?
(A) They are dealing with how to communicate in English.
(B) English learners can participate in them.
(C) They are sponsored by a local government.
(D) One of them introduces a learning style that develops originality.

〈解答 & 解説〉

　長い文章ですが、読む負担を減らしつつ、効率良く解きましょう！この文章を一読する際は、まず第1段落の文章部分と、最後の料金表とその下の注意書きをきっちりと読みます。本文中盤では各 workshop の詳細が「箇条書き」形式で書かれていますが、**本文を一読する際は見出し部分だけに目を通せば OK** です。設問3で workshop の詳細が尋ねられた時点で、各項目に目を通して選択肢の情報を検索すればよいのです！

1. (B) 〈800点レベル〉

> [満点獲得のためのアドバイス]まずは前半部分に注目し、「**開催回数**」「**開催場所**」「**対象者**」「**参加方法**」をチェックします。本問のように推測問題の正解が選びにくい場合は、他の選択肢を消去して決定しましょう！

　(A)「ETA はこれまでにワークショップを開催したことがない」：第1段落1文目 "once again" から「**workshop が以前にも行われたこと**」がわかるので不適。(B)「ETA はもう1つの関連するワークショップを行う」：第1段落2文目に、この通知で告知されたワークショップが**12月**まで**開かれるシリーズの最初**であると書かれており、関連するワークショップが未来に行われることが推測できるので正しいと推測します。(C)「Downtown Civic Center が本通知を発行した」：第1段落直後の「Place」の項目から「**Downtown Civic Center はこのセミナーを開催する場所**」であり、本通知を発行した場所であることを示す記述はないので不適。(D)「参加者はすべてのワークショップを受講する必要がある」：第1段落2文目の "Participants may enroll for all three workshops, or <u>for individual workshops</u>." から**個別の workshop への参加も認められている**ので不適。

2.（C）〈800点レベル〉

> [満点獲得のためのアドバイス] 参加者への特典情報は、主に本文後半に注目です。（第2章［9］notice の項参照）

（A）「開講日までなら返金可能である」：本文下の料金表の下の注意書きによると、返金は8月15日までとあり、「**開講日（8月25日）前まで返金を受け取ることができる訳ではない**」ので不適。（B）「ETA は全参加者に修了証書を与える」：certificate という語を本文で検索すると、第1段落4文目より、certificate を受けるのは3つの workshop すべてに参加した人だけなので、**全参加者が受け取れるとする（B）は不適**。（C）「参加者は受講料の割引をしてもらえる」：本文下の料金表の最後の行によると、7月31日までに申し込みをした場合に「**5％ の早期割引がある**」と書かれているので正しい。（D）「全参加者に食事券が交付される」：本文下の料金表の3行目に、全日程参加者に限り昼食クーポンが交付されると書かれているので、**参加者全員に交付されるとする（D）は不適**。

3.（D）〈900点レベル〉

> [満点獲得のためのアドバイス] workshop の詳細内容について書かれている箇条書き部分に注目し、各選択肢の記述の有無を検索します。その際、**本文に書かれていないものは不正解**としましょう。

（A）「英語でのコミュニケーションの仕方」、（B）「英語学習者も参加できる」、（C）「地方公共団体が提供している」は本文に記述がありません。英語教育についてのセミナーであることからの連想で（A）を選ばないように注意しましょう。（D）「ワークショップの1つはオリジナリティ（独創性）を引き出す学習スタイルを紹介する」は Workshop 2 "Creative writing for teens" の2文目、"aimed at building learner confidence, and eventually bringing out the full potential of each individual"（学習者に自信をつけさせ、最終的には各自の潜在能力を最大限に引き出すことを目的とした）の部分から正解と判断できます。

〈評価〉

6分以内に全問正解	何回解いても990点レベル
7分30秒以内で全問正解	990点レベル
9分以内で全問正解	900点レベル
15分以内で2問正解	860点レベル

〈語句〉
- enroll 名簿に記載する、登録する
- consecutive series of workshops
  連続したシリーズのワークショップ
- receive a certificate 修了証書を受け取る
- instill in 〜 〜に教え込む
- classroom protocol 教室内の取り決め
- have a considerable advantage over 〜
  〜よりもかなり優位な立場にある
- integrate A with B AとBを統合する、合体させる
- withdraw from 〜 〜から退く、〜を取りやめる

〈訳〉

ETA Workshops
若者への英語教育

　英語教師協会（ETA）は英語教師の方々に向けたワークショップを再び開くことができることをうれしく思います。参加者は3つすべてに参加することも、個別に参加することも可能です。これら3つのワークショップは、12月まで開かれる当協会の英語教師訓練課程の連続したシリーズの最初の講座として企画されたものです。3つのワークショップにすべて参加された方には、1日の終わりに修了証書を発行します。個別の参加者には発行できません。

日付：8月25日　土曜日
場所：Downtown Civic Center Room 100

10:00-10:30　受付登録
10:30-12:00　Workshop 1「5歳から12歳の生徒のための教室運営」
　　　教師は互いに尊重し合い、積極的で実りの多い学習環境を責任を持って創り出す必要があります。この最初のワークショップでは、教室内での問題行動に対処するための戦略や、効果的な学習を行うために必要な教室での取り決めを作るのに役立つ敬意や習慣を学習者に教えるための方法を概観します。
12:00-13:00　昼食
13:00-14:30　Workshop 2「10代の生徒のためのクリエイティブライティング」
　　　私たちは誤りや正確さを重視し過ぎるあまり、ライティングにおいて必要不可欠な要素である、子供たちが持つ本来の創造性を無視してしまっています。このワークショップでは、学習者に自信をつけさせ、最終的には各自の潜在能力を最大限引き出すことを目的とした、実践的で、興味をそそるクリエイティブライティングの演習について考えます。
14:45-16:15　Workshop 3「若い学習者のための文法学習」
　　　幼い頃から、私たちは誰しも、母国語の文法を容易に使いこなす能力を身につけています。ある意味、若年者を対象にした教師は大人を対象にした教師よりもかなりの有利な立場にあります。このワークショップではどのようにして年少者や10代の若者に文法を教えることができるかを取り上げます。
16:30-17:00　討論と質疑応答

各ワークショップ：10ドル
午後のワークショップ（2&3）のみ：15ドル
終日参加：20ドル（昼食券を含む）
昼食券（立食式）：5ドル
7月31日までにご登録の場合5％割引

　ご登録後8月15日までに辞退をお申し出の場合は、受講料全額返金いたします。

Part 7 超難問攻略大特訓④

Questions 1-3 refer to the following article.

Choose new products from DJT Appliances! Choose the best!

DJT Appliances is delighted to announce the arrival of our new kitchen appliances. New products from DJT Appliances "improve, facilitate and entertain." We know what we're talking about when it comes to kitchen appliances. We are now proud to introduce new refrigerators, ovens and dishwashers!

DJT Built-In Single-Double Wall Oven.

This is an oven that does the job of two ovens. It is ergonomically efficient, as it takes half the space. Single-Double enables one to cook several dishes at once at different temperatures. The quality of the prepared food is also ensured by the precise air convection system as well as by dual element bake.

DJT Five-Star Refrigerators.

DJT refrigerators have an external water dispenser (which filters and cools water) as well as two bottom freezers. Crisp, clean LED lighting ensures fresh foods are easy to see and easy to find. A climate keeper system keeps food fresh for a longer period of time. Temperatures are controlled via sensors, electronic controls, and an air tower.

DJT Five-Star Dishwashers.

DJT dishwashers come in two different styles: modern and traditional. We claim that our dishwashers are 67% more efficient due to the most advanced wash system on the market. DJT dishwashers use Pure Clean system which filters water in five stages, utilizing 37% more wash jets than the previous system, saving 32% energy and 43% water. And the last but not least feature of the DJT dishwasher, the feature immanent only to DJT dishwashers is Steam Prewash. The advantage of this system over other companies' is that it is launched at the beginning of the washing process and not at the end. This allows the washer to immediately clean major grime off dishes.

DJT is a world-renowned consumer electronics company with its head office in Birmingham. We have been in operations for over half a century and our research and development division is second to none. *Consumer Reports* magazine recently ranked the best appliance brands, in three categories (Ovens, Refrigerators, and Gas Cook Tops), and DJT appliances were one of the five best! This shows that our technologies are highly valued.

1. What is indicated about Gas Cook Tops?
(A) They vouch for their safety and efficiency.
(B) They are energy-saving devices.
(C) They are highly evaluated by the media.
(D) They have been recently released.

2. What is implied about DJT?
(A) It is a London-based company.
(B) It is a start-up company.
(C) It has branches overseas.
(D) It has a great strength in technological innovation.

3. What is NOT mentioned about DJT Dishwashers?
(A) The timing of steam wash is unique.
(B) They are time-saving devices.
(C) There are several types of them available.
(D) They are equipped with a state-of-the-art system.

第5章　TOEIC Part 7 超難問攻略大特訓　269

〈解答 & 解説〉
　非常に長い英文ですが、[**文章部分**] ＋ [**箇条書き**] で構成されていることに気づけば、本文のすべてを読み込む必要がないことがわかります。設問に目を通す前に、まずは**最初と最後の** [**文章部分**] **をきちんと読み**、[**箇条書き**] **は見出しだけに目を通します**。結局は [箇条書き] の1つ目と2つ目の項目は解答に無関係な「読む必要のない部分」だったのです。

1. (C) 〈800点レベル〉

> [**満点獲得のためのアドバイス**] 本問は1問目にもかかわらず、「Gas Cook Tops」についての記述が最終段落に登場する「**揺さぶり**」型です。まずは [文章部分] を読み、設問を見た瞬間に**本文中の検討範囲を最終段落3文目に絞る**ことができるのが理想です。

　最終段落3文目の、雑誌の中で高い評価を受けているという内容に合致する（C）「高い評価を受けている」が正解です。（A）「安全性と効率を保証している」は本文に記述がないので不適。（B）「エネルギーを節約できる装置である」は Dishwashers に関する項目の3文目に出てくる単語（saving, energy）を使って正解を装った「おとり」型の誤答です。（D）「最近発売された」は直前の箇条書き部分で新発売の三製品に関する記事を読み、当然 Gas Cook Tops も新製品だろうという思い込みを狙った誤答です。

2. (D) 〈860点レベル〉

> [**満点獲得のためのアドバイス**] DJT という会社そのものについての設問なので、最初の段落と最終段落の [**文章部分**] **だけを読んで答える問題**と判断します。商品の具体的詳細を述べている [箇条書き] の部分はこの問題とは関係ありません！

　（A）「ロンドンに本拠地がある」は最終段落1文目 "with its head office in Birmingham"（バーミンガムに本社がある）という記述に反しますので不適。（B）「操業を開始したばかりの企業である」は、最終段落2文目 "for over half a century" に反するので不適。（C）「海外

に支店を持つ」は最終段落1文目 "world-renowned"（世界的に有名な）や "with its head office in Birmingham"（バーミンガムに本社がある）からの連想を狙っていますが、**海外支店の存在については「記述なし」**です。(D)「技術革新に大きな強みがある」は最終段落2文目の "our research and development division is second to none."（当社の研究開発部門は他社に負けない）から推測可能ですので正解です。結局は最終段落のはじめの2文で選択肢の検討が終わる問題でした。

3.（B）〈900点レベル〉

「Dishwashers」の項目内の表現と選択肢の表現を対応させます。

> [満点獲得のためのアドバイス] はっきりと「Dishwashers」という商品について尋ねられているので、[箇条書き] の3つ目の項目の内容に範囲を絞って選択肢を検討しましょう！ また、選択肢では本文中の表現が「パラフレーズ」されていることにも注意してください。

- [5文目] it (= Steam Prewash) is launched at the beginning of the washing process and not at the end
  → **(A) The timing of steam wash is unique.**（蒸気洗浄を行うタイミングが独特である）
- [1文目] two different styles
  → **(C) There are several types of them available.**（いくつかの種類がある）
- [2文目] the most advanced wash system
  → **(D) They are equipped with a state-of-the-art system.**（最新鋭のシステムが搭載されている）

一方で (B)「時間を節約できる装置である」はこの項目の3文目 "saving 32% energy and 43% water" から "time-saving" なはずだという思い込みを狙っていますが、**所要時間については触れられていないので**誤答です。

第5章　TOEIC Part 7 超難問攻略大特訓

〈評価〉

6分以内に全問正解	何回解いても990点レベル
7分30秒以内で全問正解	990点レベル
9分以内で全問正解	900点レベル
14分以内で2問正解	860点レベル

〈語句〉

☐ kitchen appliance 台所電化製品
☐ facilitate 容易にする、促進する
☐ ergonomically efficient 人間工学的に効率的な
☐ air convention system 空気対流システム
☐ water dispenser ウォーターディスペンサー（給水器）
☐ immanent only to ～ ～のみに内在する　☐ grime 汚れ、あか
☐ world-renowned 世界的に著名な
☐ second to none 誰にも負けない　☐ state-of-the-art 最先端の

〈訳〉

DJT Appliances の新製品をどうぞ！　最高の品質をあなたに！

　DJT Appliances は新たに台所用電化製品を発売できることをお知らせいたします。DJT Appliances の新製品は、「改良し、効率を高め、楽しませてくれます」。私たちは台所家電業界における自分たちの使命を心得ています。本日は新発売の冷蔵庫、オーブン、食器洗い機のご紹介です。

DJT シングル・ダブル構造・組み込み型オーブン

　このオーブンは2台分の活躍をします。場所も半分しか取らず、人間工学的に効率化が図られています。シングル・ダブル構造により異なった温度で数個の料理を一度に調理することができます。二層式の調理方法に加えて、正確な空気循環システムにより、調理された料理の品質も確かなものにしてくれます。

DJT 最高級冷蔵庫

　DJT 製の冷蔵庫は、下部に2つの冷凍庫があるだけでなく、(水を浄化し、冷却する) 外付けのウォーターディスペンサーがついています。鮮明できれいな LED の照明が、生鮮食品を見やすく探しやすくしてくれます。空調管理装置がより長時間食品を新鮮に保ちます。温度はセンサーや電子制御装置、空気塔によって管理されます。

DJT 最高級食器洗い機

　DJT 製食器洗い機は、最新型と伝統型の2つの異なったスタイルがあります。市場で最新鋭の洗浄システムにより、67％もの効率化が図られています。ピュアクリーンシステムを使用しており、5段階で浄水でき、従来のシステムよりも37％増のジェット水流で、32％のエネルギーと43％の水の節約になります。最後に DJT 製食器洗い機のみが持つとても重要な特徴として、蒸気による前洗いがあります。他社のものに比べてこのシステムの優れている点は、洗浄過程の最後ではなくはじめに行われるということです。このことにより、食器についた大きな汚れを即座に洗浄できるのです。

　DJT はバーミンガムに本社を置く世界中に知られた家電メーカーです。半世紀以上にわたって操業しており、研究開発部門は他社に引けを取りません。『Consumer Reports』誌が最近、家電のランクづけを行いましたが、3部門(オーブン・冷蔵庫・ガスコンロ)でDJT の製品がベスト5にランキングしました。このことは私たちの技術が高く評価されていることを証明しています。

英文読解基礎体力強化文法編②
構造に注意！

コラム

Experiments in language learning have demonstrated the useful influence on later memory of having the subject practice reading aloud the material to be learned.

　この英文の場合、Experiments in language learning の箇所が主語で、動詞が have demonstrated、目的語が the useful influence on ... だと考えて、更に the subject（被験者）は having の目的語、practice 以下が補語、reading aloud の目的語が the material to be learned と考えると、

　「言語学習の実験は、被験者に学ばれるべき教材を音読することを練習させるということの後の記憶に与える役に立つ影響を示しました」という訳になりますが、何を言おうとしているのかはっきりしない日本語になっています。このことは「構造の理解」が長文理解において、極めて重要な役割を果たすということを物語っています。

　実は、of 以下の句がどこを修飾しているかを理解すべきだったのです。**of 句は直前の later memory を修飾しているのではなく、the useful influence を修飾している**のです。つまり、influence of A on B の構造を読み取るべきでしょう。実際には、of 句が非常に長いため、influence on B of A となった形であったのです。意味としては「A が B に与える影響」というようになります。そこで、正しい訳は次の通りです。

　「言語習得における実験でわかったことは、被験者に学ぶべき教材を音読させることが、後の記憶に有益な影響を与えるということである。」

　また、次のようなジョーク的な文の場合はどうでしょう。
I waited from two to two to two two to toot, too.

　from A to B の構造が入っていると思われますが、A と B がどれであるのかを考える必要があります。A が from 直後の two のみであるとすると、B が two to two two のような塊になりそうで、これは解釈不可能です。だから、**A を two to two と考えます**。すると B は two two になります。A と B はそれぞれ、「2時2分前」「2時2分」を表すので、正しい訳は「私も、2時2分前から2時2分まで、ラッパを吹くために待っていました」となります。

Part 7 超難問攻略大特訓⑤

目標解答時間10分

Questions 1-3 refer to the following notice.

Gaery Cruises Summer Tour Plan
Memorable activities will await you!

Have you decided what to do in your summer vacation? Don't you feel like escaping from your daily routines? Let Gaery Cruises show you the very best highlight at every port of call. We have already searched out the most fascinating sights, exciting adventures, best shopping and entertainment to make your summer vacation a memorable one. Experienced local guides are available in all of the tours below, so all you have to do is prepare yourself for the rush of exciting activities! Browse now and then, download our tour reservation form, and you can make a reservation at our branches, where our cruise personalizer will be happy to help you organize your tour plan.

- **Crealieve Harbor Nature Cruise**

Crealieve Harbor lies inside the eroded craters of a dormant volcano, now flooded by the Pacific Ocean. Enjoy breathtaking coastal scenery with the world's cutest and friendliest dolphins, and intriguing commentary offered by your guide about the wildlife as well as local legends and history. The joy of the cruise will culminate when you see the sun rising.

→ Click here for more details!

- **Secret Islands around Kenneth Harbor**

    There are several secret islands where traditional local culture is well preserved only a few kilometers away from Kenneth Harbor. Tell your friends you've just enjoyed a traditional tropical islands' welcome, viewed a tribal mask dance or celebrated with the locals at one of many cultural festivals. Afterwards, you can enjoy browsing street stalls for artifacts and native crafts. Everywhere your cruise ship goes, unique experiences will follow!

    → <u>Click here for more details!</u>

- **Seabird Colony & Rainforest**

    Combine a walk to one of Auckzway's truly spectacular white sand beaches with the chance to see one of the world's largest seabirds in their natural environment and a walk through a mature rainforest that remains intact from ancient ages. You will visit Auckzway Gannet colony, situated high on the cliff-tops overlooking the blue ocean. Your specialist guide will explain all there is to let you know about the native flora species. After the exploration, Auckzway's local seafood will await you.

    → <u>Click here for more details!</u>

Please note that shore tour timing will coincide with the arrival and departure of a ship for a given cruise, so no need to worry about start and finish times.

1. What can people probably do on the website of Gaery Cruise?
(A) Make a reservation
(B) Request a refund
(C) Get travel information
(D) Contact an operator

2. What is NOT indicated about the tours?
(A) All tours can be guided by local people.
(B) All tours include cruising.
(C) Two of them involve animal watching.
(D) One of them starts early in the morning.

3. Which tour schedule is NOT likely to be changed?
(A) Crealieve Harbor Nature Cruise
(B) Secret Islands around Kenneth Harbor
(C) Seabird Colony & Rainforest
(D) None of them

第5章　TOEIC Part 7 超難問攻略大特訓　277

〈解答＆解説〉
　この文章は、出だしと最後の［**文章部分**］と、ツアーの具体的内容を紹介する3項目の［**箇条書き部分**］から構成されています。**まずは［文章部分］だけをしっかり読みましょう**。［箇条書き部分］は見出しのみに目を通し、**ツアーの具体的内容が問われた場合に限って検討範囲に含めればよい**のです。

1. (C) 〈900点レベル〉

> ［満点獲得のためのアドバイス］本問は"probably"が使われた「推測」型ですので、消去法で解答します。ツアーの具体的内容を問う問題ではないので、本文中盤の箇条書き部分は検討範囲外と判断し、**まずは文章部分を根拠に選択肢を消去してみましょう！**

　第1段落の最終文に、ウェブサイトでできるのは予約フォームのダウンロードのみであり、予約自体は店舗で行うように書かれているので(A)「予約をする」は不適。(B)「返金を請求する」、(D)「オペレーターと連絡を取る」に関する記述は皆無です。この時点で残った(C)「旅行の情報を得る」を正解と判断して構いません。ちなみに(C)も検討すると、3つの箇条書きの最後の「Click here for more details!」より、各ツアーに関する情報を得られると推測することも可能です。このように、「**推測**」型の問題では**本文に照らして明確に選択肢を切る消去法が確実な場合が多い**のです。

2. (B) 〈860点レベル〉

> ［満点獲得のためのアドバイス］ツアーの具体的な内容を問う問題ですので、箇条書き部分も検討範囲に含めます。(A)と(B)の"All"という「全部」の表現に注目です。通常の問題では「でたらめな論理」の誤答の可能性を疑うのですが、本問のような **NOT 型の問題（本文に合致しない選択肢が正解になる問題）では正解の最有力候補**として、最優先で検討します。

　(A)「すべてのツアーは現地ガイドをつけることができる」：第1段落

5文目に明記されています。気がづかなかった方は「**文章部分は先に目を通す**」の原則を要復習です。(B)「**すべてのツアーはクルージングを含む**」：箇条書きをザッと見ながら「全項目がクルージングを含むか」を検索すると、3つ目の項目（Seabird Colony & Rainforest）にはクルージングが含まれないので (B) が正解です。なお、(C)「2つのツアーにアニマルウォッチングが含まれる」は1つ目の項目のイルカと3つ目の項目の海鳥を、(D)「1つのツアーは早朝に出発する」は1つ目の項目のツアーが日の出を見ることを指します。

3. (C) 〈950点レベル〉

> [満点獲得のためのアドバイス] 問題文に"likely to 〜"とある通り、本文中にツアーの変更に関する明確な記述がありません。**まずは本文中で「スケジュールの変更」に関連する情報を探し出し、推測の糸口をつかみましょう！**

「スケジュールの変更」に関連する情報を探すと、最後の段落に「クルージングの船の発着に(ツアーの時間を)合わせる」と書かれています。ということは、**この変更の影響を受けるのは行程にクルージングを含むツアーだけであり**、行程にクルージングを含まない (C)「Seabird Colony & Rainforest」には無関係な内容であると判断しましょう！

〈評価〉

7分以内で完答	990点レベル
10分以内で完答	900点レベル

〈語句〉
- □ fascinating sights 魅力的な景色
- □ cruise personalizer クルーズプランナー
- □ eroded craters 侵食されたクレーター
- □ dormant volcano 休火山
- □ breathtaking coastal scenery（息を飲むほど）素晴らしい海岸風景

第5章　TOEIC Part 7 超難問攻略大特訓　**279**

☐ intriguing commentary （引き込まれるような）面白い解説
☐ the joy will culminate 楽しさが最高潮に達する
☐ street stalls for artifacts 工芸品を売る露店
☐ remain intact （完全に）そのままでいる　☐ flora species 植物種
☐ coincide with the departure of a ship 船の出発に一致する

〈訳〉

Gaery Cruises サマーツアープラン
思い出に残る体験があなたをお待ちしております！

　夏休みに何をするか決めましたか？　決まりきった日常から抜け出したいと思いませんか？　Gaery Cruises が、1つ1つの寄港地について最高の見せ場をあなたにお見せいたしましょう。皆様の夏休みを思い出深いものにするために、我々はすでに最高に魅力的な風景、ワクワクする冒険、ショッピングにピッタリの場所や最高の娯楽を調べ上げました。経験豊富な現地ガイドが下記のすべてのツアーに随行いたしますので、あなたは次々と展開するエキサイティングな体験への心の準備だけをしてご参加ください！　今すぐ HP をご覧いただき、予約フォームをダウンロードしていただき、当社の各店舗でご予約ください。各店舗ではクルーズプランナーが旅行プラン作りのお手伝いをさせていただきます。

• **Crealieve Harbor** ネイチャー・クルーズ
　Crealieve Harbor は休火山の侵食されたクレーターの内側に位置しており、現在は太平洋の海水が注いでいます。世界一かわいくて親しみやすいイルカのいる、息を飲むような素晴らしい海岸の風景をお楽しみください。あなたのガイドが現地の伝説や歴史、それに野生生物について楽しい解説をいたします。日の出を目にした瞬間、旅の楽しみは最高潮に達することでしょう。

　　　　　　　　　　　　→詳細はこちらをクリック！

- **Kenneth Harbor 沖の秘島**

　Kenneth Harborからほんの数キロ離れたところに、現地の伝統的な文化がよく保存された、あまり知られていない島々があります。あなたのご友人に、南国の島々の伝統的な歓迎を受け、部族の仮面舞踏を見て、文化的な祭典で現地の人たちと陽気に楽しんできたと伝えましょう。その後は、工芸品や先住民の作品を売る露店巡りをお楽しみください。客船が行くすべての行き先で、ユニークな体験があなたを待っています！

　　　　　　　　　　　　　　　→詳細はこちらをクリック！

- **海鳥の群れと熱帯雨林**

　Auckzwayの実に壮観な白砂海岸の散歩に、自然環境にいる世界最大の海鳥の一種の観察と、太古の昔からそのままの形で残る熱帯雨林の散策をおつけしましょう。青い海を見下ろす崖の頂上に作られたAuckzwayカツオドリの巣がご覧になれます。プロのガイドが現地に生息するあらゆる植物種について解説いたします。探索の後は、Auxkzwayでとれたシーフードがあなたを待っています。

　　　　　　　　　　　　　　　→詳細はこちらをクリック！

　海岸ツアーの時間は、クルージングの客船の発着時間に合わせます。したがって、開始時間と終了時間を気になさる必要はありません。

Questions 1-3 refer to the following advertisement.

Gim Tarner Sport Gym
Effective, affordable training for anyone

Since 1977, our innovative health and fitness programs, state-of-the-art training equipment and energetic, professional instructors will definitely exhilarate and inspire you. Our original and unique training is renowned for achieving life-changing results for our members. Whether you are a sports enthusiast or a layperson, Gim Tarner Sports Gym is the perfect venue where all types of people can achieve their goals.

☆WHAT GUARANTEES YOUR SATISFACTION

　　We have more than 150 classes in our state-of-the-art studios utilizing specialized flooring, lighting and music to offer you an unparalleled group exercise experience. All classes are open to you with NO surcharge on your monthly fee. If you don't know what class to attend or what exercise machine to use, don't hesitate to consult with our experienced personal trainers, who will design a personalized program to meet your individual needs.

　　At Gim Tarner Sport Gym, kids can also have fun too. A unique service for children, Kids Only Hour is more than just child care. It is held every day except Monday. Under the guidance of early childhood specialists, members' children aged 6 months through 10 years enjoy fun and safe activity while you enjoy your workout. You can trust us with your precious kids for free!

Check our website for a detailed schedule.

☆**BECOME A MEMBER NOW AND RECEIVE:**
- A waived initiation fee
- 30% off one private training session
- Complimentary evaluation of your health history and lifestyle by our professional staff

For more information, please visit our website, where you can get a coupon worth a month membership fee!

1. What does NOT the monthly fee cover?
(A) Sessions for children
(B) Fitness activity
(C) Physical checkup
(D) Personalized training

2. What is NOT said about kids?
(A) No additional fee is required for classes for them.
(B) They can attend classes every day.
(C) Experts take care of them.
(D) Safety is guaranteed.

3. What can be inferred from the advertisement?
(A) Gim Warner is an award-winning gym.
(B) The gym recently started business.
(C) The gym is located in a downtown area.
(D) People don't have to pay to become a member.

第5章　TOEIC Part 7 超難問攻略大特訓

〈解答 & 解説〉
　この文章は段落ごとの構成が非常に明確であり、問題もポイントを押さえて解答すれば高速で完全解答が可能です。

1. (D) 〈860点レベル〉

> [満点獲得のためのアドバイス]「**NOT 型**」の問題ですので、基本的に消去法で解答します。「**月謝に含まれる（つまり追加料金不要）**」と関連する表現を本文中で検索し、正しい選択肢を3つ見つけて消去しましょう！

　まずは第2段落2文目に "with NO surcharge on your monthly fee"（毎月の会費への追加料金なし）でグループエクササイズに参加できるとあるので、(B)「フィットネス（健康の維持・増進を目的とした運動）」は月謝に含まれると判断します。次に第3段落最後の "for free" に目をつけ、(A)「子ども向けのレッスン」も月謝に含まれると判断します。さらに最後の箇条書き部分に "Complimentary evaluation of your health history and lifestyle"（無料の既往歴・生活診断）とあるので、(C)「健康診断」も月謝に含まれると判断します。第2段落最後の文で、個人トレーナーが "design a personalized program"（個人向けプログラムを作る）とあるが、「個人トレーニング」が月謝に含まれるという記述はないため (D) が正解です。

2. (B) 〈800点レベル〉

> [満点獲得のためのアドバイス] 設問の "about kids" に注目し、本文中から子どもについて述べている第3段落を突き止め、その箇所を集中的に検討します。また、(A) と (B) の "No" や "every" に注目します。通常の問題では「**でたらめな論理**」型の誤答として扱うタイプの選択肢ですが、NOT 型の問題では「**本文に合致しない＝正解選択肢！**」ということになるので、正解の最有力候補と見なして最優先で検討しましょう！

　(A)「子ども向けのクラスのための追加料金は不要」: 第3段落最終文

の"for free"に注目し、この文の記述に合致すると判断します。(B)「毎日開講される」:「**本当に every day なのか**」を検討すると、第3段落3文目に"except Monday"と明記されているので、これが正解と判断します。(C)「専門のスタッフが世話をする」と (D)「安全が保証されている」は検討するまでもなく捜索打ち止めで、**15秒で解ける**問題といえます。

3. (D)〈900点レベル〉

> [満点獲得のためのアドバイス] 第3章の (3)「ひっそり」型の問題の中でも最難関の、①-3 **文章全体に関する推測**問題です。本文全体を視野に入れつつ、**間接的な表現にも注意しながら**関連情報を探し出しましょう!

(A)「Gim Warner は受賞歴があるジムである」:"award-winning"という語は、選択肢の正誤判定の決め手になりやすい常連語です。本文中に「受賞歴」を示す記述は見当たらないので不適です。第1段落の"state-of-the-art"(最新鋭の)や"is renowned for 〜"(〜で有名な)等の**華美な称賛表現からの連想を狙った**「記述なし」型の誤答です。(B)「このジムは最近営業を開始した」:冒頭に"Since 1977"とあり、"recently"とは考えられないので不適。(C)「このジムは繁華街にある」:場所については何も書かれていないので不適。(D)「会員になるためにお金を払う必要はない」:「入会」に関連する情報を探すと、後半の箇条書きの1つ目に"A waived initiation fee"(入会金無料)と書かれているので、本文に合致します。

〈評価〉

5分以内に完答	990点レベル
7分以内に完答	900点レベル

〈語句〉
 □ exhilarate 〜を元気づける

第5章　TOEIC Part 7 超難問攻略大特訓　285

- [ ] sports enthusiast　スポーツファン
- [ ] layperson　素人　　　[ ] perfect venue　パーフェクトな場所
- [ ] unparalleled experience　類まれな経験
- [ ] surcharge　追加料金
- [ ] personalized program　個人に合ったプログラム
- [ ] waived initiation fee　入会金無料
- [ ] complimentary evaluation　無料の評価

〈訳〉

> ### Gim Tarner スポーツジム
> ### 効果的で経済的なトレーニング、どなたでも歓迎
>
> 　1977年創設の当ジムの先進的な健康プログラムやフィットネスプログラム、最新のトレーニング設備、そしてパワーあふれるプロのインストラクターが、あなたを必ず奮い立たせ、やる気にさせます。当ジム独自のトレーニングは、メンバーの人生を変えてしまうような結果を出してきたことで知られています。あなたが熱心にスポーツに取り組んでいる方であっても、あまりスポーツをされない方であっても、Gim Tarner スポーツジムはどのような方にとっても目標を達成するために最適な場所です。
>
> ☆あなたの満足をお約束するもの
> 　当ジムには最新鋭のスタジオでの150を超えるクラスがあります。スタジオでは他に類を見ないグループエクササイズを体験いただくために特別な床や照明、音楽を使用しています。すべてのクラスを月会費への一切の追加料金なしでご提供しております。どのクラスに参加するか、あるいはどのマシーンを使えばいいかがわからない場合は、経験豊富な個人トレーナーに遠慮なく声をおかけください。トレーナーが皆様1人1人のニーズにお応えする個人プログラムを作成いたします。
> 　Gim Tarner スポーツジムでは、お子様もお楽しみいただけます。お子様向けのユニークなサービスである「Kids Only Hour」は単なるお子様のお守りではありません。月曜日を除く毎日開講いたしま

す。ご自身のトレーニングを楽しんでいる間に、メンバーの6カ月から10歳までのお子様が、幼児期の専門家の指導の下で楽しく安全なアクティビティを楽しみます。無料でお子様をお預けいただけます！
　詳しいスケジュールは当ジムのウェブサイトをご覧ください。

☆今メンバーになっていただくと、次の特典がついてきます：
- 入会金無料
- 個人トレーニング1回30% オフ
- プロスタッフによる無料の既往歴・生活診断

　詳しくは当ジムのウェブサイトをご覧ください。1カ月の会費に相当するクーポン券が入手できます！

英文読解基礎体力強化文法編③
否定＆比較

次の英文の下線部の意味を考えてみてください。
I tried to open the file you sent, but it seems to be corrupted. So I **can't open it and work on it**. Could you please resend the file?

　直訳すると、「お送りいただいたファイルを開こうとしましたが、ファイルが破壊されているようです。だから開くことができず、それについて仕事をします。ファイルを再送願います」となって意味がわかりません。というのは「ファイルを開けないので、仕事ができない」とするのが論理的だからで、open it and work on it 全体が can't で否定されているというように理解するべきでしょう。work on it の部分を「肯定」の意味にするためには、I can't open it **but** can work on it.（開けないが、それに対応できます）のように変えます。この場合、"can't open it and work on it" は部分否定ではなく、「それを開くこととそれに関する仕事をすることが同時にできるとは限らない」という意味ではありません。
　部分否定といえば代表的なものとして both がありますが、
Both of them are not bad.（文尾が↗のイントネーションは「部分否定」で「彼らが両方とも悪いわけではない」の意味）
Both of them are not bad.（文尾が↘のイントネーションは「全否定」で「彼らが両方とも悪くない」の意味）
となります。部分否定として Not both of them are bad. という言い回しは通例できませんが、both が主語に来ていない場合は、I haven't read both (the) books.（その本を両方とも読んだわけではない）のようにすることが可能です。
　また、否定構文で解釈が難しい次の文の意味を考えてみてください。
　　He thinks of **nothing less** than [of] business expansion.
「業務拡張より以下に考えるものは何もない」ということで「業務拡張を最も考えない（⇒全く考えない）」となります。逆に、He thinks of nothing more than [of] business expansion. の場合は、「業務拡張より以上に何も考えない」から「業務拡張のことしか考えない」という意味になります。

Part 7 超難問攻略大特訓⑦

Questions 1-5 refer to the following advertisement and letter.

Sous-Chef – Waves Restaurant
Experienced chef with zeal wanted!

We are looking for an enthusiastic, creative and fully qualified chef to assist in running our large and busy restaurant kitchen. Waves Restaurant offers a fine dining experience with stunning views that overlook the ocean. It features high-quality modern Australian cuisine, with an emphasis on fabulous, fresh seafood caught in the local area. Wave is an award-winning restaurant that often caters for a variety of events including weddings and corporate functions.

The successful applicant will have at least 10 years' experience in staff management plus:

- Setting menus and food pricing
- Working with international staff
- Rostering staff

Attention to detail is a must, as is demonstrated in culinary expertise. We want someone with creativity and passion to help us produce innovative dishes and enhance the overall dining experience for our customers.

If you possess all of the above, please send a résumé and cover letter by 18 November to:
Kaitlin Forster (Restaurant Manager) kait@waveshr.com

Dear Kaitlin,

Re: Sous-chef position, Waves Restaurant

I am writing to apply for the position of sous-chef at Waves Restaurant, advertised in *Cuisine Trend* issue No.132 on the 12th of October 2011.

I am a creative, enthusiastic, hardworking chef with a passion for food and lots of experience working in busy restaurants around the world. At the age of 16 I travelled to France and since then, I have always known that being in a kitchen, preparing amazing food for others, is where I want to be.

After completing my apprenticeship in 2004, I worked in a number of Australian restaurants with staff from various countries before moving to England, where I was employed for over two years as sous-chef at a busy French restaurant. I am very efficient and it was here that I developed a much more productive system of food prep, which was commended by the chef de cuisine.

Over the years as a chef I have had professional experience in a range of restaurants and have culinary training and knowledge in a number of cuisines including French, modern Australian and seafood.

I am great at following orders and working as part of a team as well as managing staff members. I believe my exceptional culinary expertise, positive outlook and absolute passion for this industry would make me the perfect sous-chef for Waves Restaurant.

I look forward to hearing from you and discussing my suitability for the position with you further.

Yours sincerely,

Jai Pembert

Jai Pembert

---

1. Where can the advertisement be found?
(A) A restaurant
(B) A culinary school
(C) A website
(D) A magazine

2. According to the advertisement, what can NOT be inferred about Wave?
(A) It is located near the ocean.
(B) It utilizes local ingredients.
(C) The menu covers a variety of foods.
(D) It serves food for events.

3. What is true about Jai Pembert?
(A) He started his career at the age of 16.
(B) He worked for an English cuisine restaurant.
(C) He is aggressive in improving his skills.
(D) He is an award-winning chef.

4. What qualification did Jai Pembert NOT mention in his letter?
(A) Experience in staff management
(B) Setting menus and food prices
(C) Working with international staff
(D) Creativity

5. What is the most likely reason why Jai Pembert will NOT be offered the job at Wave?
(A) He didn't prepare all the required forms.
(B) He lives far from Wave Restaurant.
(C) He does not have enough managing experience in staff management.
(D) He won't agree on some working conditions.

〈解答 & 解説〉

　［求人情報］＋［応募］の組み合わせは、ダブルパッセージの超典型的パターンです。**文の展開もほぼ決まっています**ので、素早くキッチリ得点してしまいましょう！

1. (D)〈900点レベル〉

> ［満点獲得のためのアドバイス］「この文章はどこで見られますか」という問題が第1問目によく登場しますが、文章の序盤で解けるとは限りません。**場所を推測する手がかりとなる語句・表現が出てくるまで解答を保留にし、第2問以降の問題に着手するのも1つの手**です。

　この文章が見つかる場所を特定する語句・表現を待ち構えながら本文を読み進めていくと、2つ目の文章の第1段落に「『Cuisine Trend』第132号」に掲載されていたことがわかりますので (D)「雑誌」が正解です。

2. (C)〈860点レベル〉

> ［満点獲得のためのアドバイス］「広告によると」と指定されているので、1つ目の文章だけを見ます。Waves Restaurant 自体の説明が**求人内容の具体的な説明が始まる第2段落よりも前の部分に集中して**いることを見抜き、選択肢を検討します。

　(A)「海の近くに位置している」、(B)「地元の食材を使用している」、(D)「イベントに食事を仕出ししている」は第1段落2〜4文目の内容に明らかに合致しますので、消去法から (C)「メニューは幅広い種類の料理を含んでいる」が不適とわかります。メニューの種類の多さについては**本文中に記述がありません**。

3. (C)〈900点レベル〉

> ［満点獲得のためのアドバイス］Jai Pembert は2つ目の文章の書き手なので、2つ目の文章に注目です。**選択肢のキーワードに注目し、各選択肢を効率良く検討**します。徹底した**本文確認**で巧妙な誤答を見破りましょう！

(A)「**16歳で仕事を始めた**」: 16歳の頃に関する記述は第2段落2文目にあります。16歳の時点で料理人を志してはいましたが、**料理人になったとまでは書いていないので不適**。(B)「**英国料理のレストランで働いた**」: 第3段落1文目に"before moving to England"という**英国に関する関連表現**がありますが、「(英国では)フランス料理のレストランで働いた」とあるので「**すり替え**」型の誤答です。(C)「**技術の向上に対して積極的である**」: a passion for food(第2段落1文目)、absolute passion for this industry(第5段落2文目)から推測できるので正解です。(D)「**授賞歴のあるシェフである**」: 受賞に関連する記述を探すと、第3段落の最後に"was commended"(称賛された)とありますが、**賞を授与されたとまでは書かれていないので誤答**です。

4. (B) 〈800点レベル〉

> [満点獲得のためのアドバイス] これは [求人] + [応募] のダブルパッセージの典型的な両文参照問題です。選択肢は1つ目の文章で挙げられている「応募条件」ばかりですので、あとは2つ目の文章で**それぞれの条件に言及している部分があるかどうかを検討**すればOKです!

(A)「**スタッフ管理の経験**」は第5段落1文目に"managing staff members"についての言及があります。(B)「**メニュー作成や料理の値段決定**」は価格決定に関する記述がないので正解と判断します。(C)「**多国籍のスタッフと働くこと**」は第3段落1文目の"with staff from various countries"から、(D)「**創造性**」は、第3段落後半に新しい調理法を発案したことが書いてあることから読み取れます。

5. (C) 〈990点レベル〉

> [満点獲得のためのアドバイス] Jai が不採用になるという直接的な記述は本文中にはありません。まずは**本文で全く触れられていない内容の選択肢を消去**します。あるいは、応募要件に関して唯一触れている**(C)の選択肢に注目**し、これを優先的に検討するのも1つの手です。

(A)「彼は必要な**書類のすべてを準備しなかった**」、(B)「彼は Wave Restaurant から**離れたところに住んでいる**」、(D)「彼はいくつかの**労働条件に合意しないだろう**」に関する記述は2つ目の文章中に全くないので消去です。従って、残った(**C**)「**スタッフ管理の経験が不足している**」を選びます。求人広告が要求する管理職の経験は10年ですが、Jai **のシェフとしての経験**は、見習い期間を終えた2004年（第3段落1行目）から応募した2011年（広告末尾に記載の締切日11月18日より）までの、**最長でも7年間**なので、管理職の経験年数の不足が不採用の原因と推測します。離れた箇所の数値を関連づけることを要求する、大変高度な選択肢です。

8分で完答	常時990点レベル
9分で完答	990点レベル
10分30秒で完答	950点レベル
12分で完答	900点レベル

〈評価〉

〈語句〉
- sous-chef 副コック長　□ with zeal 熱意を持った
- stunning views （はっとするような）素晴らしい景観
- fabulous seafood （信じられないくらい）素晴らしいシーフード
- cater for events イベントに料理を提供する
- corporate functions 社内行事
- roster 勤務当番表に載せる
- culinary expertise 料理の達人
- be commended by ～　～に称賛される
- chef de cuisine 料理長

〈訳〉

副料理長 ー Waves Restaurant
熱意ある経験豊かな方を募集中！

　私たちは大規模で忙しいレストランの厨房で力を発揮してくれる、熱意ある創造力に富んだ有能なシェフを探しています。Waves Restaurantは海が見渡せる見事な眺めと共に素敵な料理を提供しています。地元でとれた素晴らしい新鮮なシーフードを重視した、質の高い現代オーストラリア料理を特徴としています。Waves は受賞歴のあるレストランで、しばしば結婚式や会社の催しなどの様々なイベントに料理をご提供しています。

　求めている応募者には最低10年の人材管理と以下の業務経験が必要です：

- メニューの作成と価格決定
- 多国籍のスタッフとの勤務
- スタッフの勤務管理

　料理の専門的技術の中では明らかなことですが、細部への配慮が必須です。革新的な食事を作り出し、お客様がより良い雰囲気で食事を楽しめるように貢献してくれる創造性や情熱を持った方を求めています。

　もしあなたが以上のことに該当するなら、履歴書とカバーレターを11月18日までに以下にお送りください。
Kaitlin Forster（レストランマネージャー）kait@waveshr.com

Kaitlin 様
件名：副料理長募集、Waves Restaurant

　私は『Cuisine Trend』第132号（2011年10月12日号）の広告に掲載された、Waves Restaurant の副料理長の応募のためお手紙を書いております。

私は、食に対する情熱と世界中の忙しいレストランで働いた経験を多く持つ、創造力豊かで熱意にあふれた勤勉なシェフです。16歳の時にフランスに旅行して以来、台所で誰かのために素敵な料理を作ってあげることこそが本当に自分がやりたいことだとずっと思っています。

　2004年に見習い期間を終え、多くのオーストラリア料理レストランで様々な国から来たスタッフと働いた後イギリスに移り、活気のあるフランス料理レストランで副料理長として2年間働きました。私はとても手際が良く、それゆえ効率の良い調理方法の体系を作り上げ、料理長から称賛されました。

　シェフとして活躍した数年間で、私は様々なレストランで職業経験を積み、フランス料理や現代オーストラリア料理、シーフード料理など数多くの料理法の技術や知識を身につけています。

　私は指示を守り、管理スタッフとしてだけでなく、チームの一員として働くことが得意です。優れた調理技術や前向きな姿勢やレストラン業界に対する大いなる熱意を持つ私は、**Waves**レストランの副料理長として最適だと信じています。

　お返事をいただき、さらに詳しくこの職に対する私の適性についてお話しできることを楽しみにしています。

よろしくお願いします。
Jai Pembert

Part 7 超難問攻略大特訓⑧

Questions 1-5 refer to the following article and book review.

Flourishing Forever
Tom Robinson   Neil Ardoney
A MUST BUY FOR ALL AMBITIOUS BUSINESSPEOPLE!

The authors, both management consultants for Blitz & Company, used the company's study of 6,000 leaders in 250 companies or organizations all over the world to reach the conclusion that a company that lacks great frontline managers will lose individuals with talent, no matter how attractive the compensation packages and training opportunities are. It is this bleed of talent that will result in the gradual demise of the company. With this in mind, the authors have culled their observations from thousands of interviews conducted over the past 25 years. Quoting leaders such as internationally-acclaimed basketball coach Mike Jackson, and the CEO of the car manufacturer giant Theodore Gray, the authors outline "four keys" to becoming an excellent manager: Finding the right fit for employees, focusing on strengths of employees, defining the right results, delegating responsibility, and above all, treating each employee as an individual – not just developing knowledge and skills. Written in plain English and well organized, this book tells you exactly how to make your company flourish forever!

Business Mainstream / Issue No. 072

Book review: ***Flourishing Forever*, Tom Robinson & Neil Ardoney**
By Emilly Mills, Zacks Corporation

I found this book valuable as it was based on research with over 6,000 managers, not just one person's personal experience. At first I didn't think what is written in the book is applicable to my daily work before being promoted to a managerial post, for it contains not a few abstract expressions. However, I realized that the 12 questions that give organizations the information they need to attract and keep the most talented employees are of great help for me in identifying what type of environment I am creating for my subordinates – or failing to create. I think all managers can finish reading this book on the plane, and will be equipped with a variety of managerial skills before they reach their destination.

By the middle of the book, however, I began to feel kind of odd about the questions the authors asked to their interviewees. Every one of the questions centered on the individual. Business has gotten too complex for one individual to deal with, and my 5-year experience as a branch manager tells me that just putting the best talents together doesn't guarantee team success. One more thing, the compact disc was TOO abridged to be fully useful for anything other than a teaser to buy the book.

1. According to the advertisement, what will mainly cause a company to deteriorate?
(A) Lack of funds
(B) Incompetence of its leaders
(C) Failure in employee education
(D) Poorly-motivated employees

2. What is NOT mentioned about *Flourishing Forever*?
(A) It is easy to read.
(B) It comes with audio material.
(C) It is internationally available.
(D) It is rich in solid facts.

3. Who is Theodore Gray?
(A) An experienced consultant
(B) A famous manager in the world
(C) An interviewee of Tom or Neil
(D) A former employee of Blitz & Company

4. What is implied about Emilly Mills?
(A) She has worked for Zacks for more than five years.
(B) She had a talk with the authors of the book.
(C) She considers the book too short.
(D) She has worked overseas.

5. What is NOT said in the book review?
(A) The theories in the book are not easy to grasp.
(B) All the 12 questions in the book are focused on individuals.
(C) Emily read the book on the plane.
(D) Business situations have got far beyond the control of individual workers.

〈解答 & 解説〉

　本文はそれほど難解ではありませんが、解答する際の目のつけどころをしっかり意識しなければ、**ダブルパッセージ特有の**「**文章間の揺さぶり**」に振り回されて、大幅に時間をロスする可能性があります！

1. (B)〈900点レベル〉

> [満点獲得のためのアドバイス] いずれの選択肢も会社の衰退に結びつくと考えられるものばかりですが、**本文に記述がなければ正解にはなりません**。広告の中から会社の衰退について述べている部分を探し出しましょう！

　広告の2文目の "**gradual demise**"（段階的な崩壊）が、設問の "deteriorate" のパラフレーズになっています。この部分に "this bleed of talent"（この才能の流出＝人材の流出）が会社の崩壊につながると書かれていますが、選択肢には「人材の流出」はないので、**代名詞 "this" が指す内容を求めて直前の文を検討します**。すると「great frontline managers を欠く」ことが人材流出の原因として挙げられているので、これに合致する (B)「指導者の能力不足」が正解です。該当箇所の代名詞に注目してもう1段階踏む「**2段階**」型の問題です。

2. (C)〈900点レベル〉

> [満点獲得のためのアドバイス] 両文章とも『Flourishing Forever』に関する文章なので、検討箇所は両文章全体です。効率良く解かないと頭が混乱してしまいます！　**1つ目の文章を読み終えた時点で解決しない場合は、2つ目の文章も視野に入れてみましょう。**

　1つ目の文章から (A)「やさしく読める」（最終文より）、(D)「**具体的事実が豊富である**」（1文目より）は適切です。さらに (B)「オーディオ教材がつく」ことが2つ目の文章の最終文でようやくわかります。一方 (C)「**世界各地で手に入る**」は、広告1文目に世界中の人物から調査結果を収集したと書いてあることからの**連想を突いた**「**記述なし**」の誤答です。

3. (C) 〈900点レベル〉

[満点獲得のためのアドバイス] "Theodore Gray" という人名に目をつけ、この人物が出てくる記事の後半を集中的に検討します。設問2で散々視点を揺さぶられた後に1つ目の文章に戻ることを要求する問題ですが、**目のつけどころがハッキリしていれば何の問題もない**でしょう。

Theodore Gray という名前が出てくるのは、記事の後半の "Quoting" で始まる1文です。この部分で著者たち（Tom と Neil）が Theodore Gray を quote（引用）しながら本を書いたことがわかりますので、**(C)「Tom や Neil の面談を受けた人」**が正解です。(B)「世界で有名な経営者」は、世界中で "famous" かどうかに関する**記述がない**ので不適です。

4. (A) 〈860点レベル〉

[満点獲得のためのアドバイス] Emilly Mills は2つ目の文章の書き手なので、2つ目の文章に焦点を絞って検討しましょう！

(A)「Zacks で5年以上勤めている」は、第2段落3文目に「支店長としての5年の経験」とあるので、**最低でも5年間は Zacks にいる**と推測できます。(B)「本の著者と対談した」は記述がありません。(C)「本は短過ぎると思っている」は、第1段落最終文から短いことが推測されますが、**"too short"** とまでは言っていないので不適。(D)「海外で勤務したことがある」は第1段落最終文の**飛行機の話からの連想**を狙っていますが、**Emilly 自身が海外勤務をしたという記述はどこにもない**「記述なし」型の誤答です。

5. (C) 〈860点レベル〉

[満点獲得のためのアドバイス]「ブックレビューの中で」と範囲が限定されており、NOT 型の問題ですので、各選択肢を2つ目の文章で検討します。

(A)「本の中の理論は容易に理解できるものではない」は、第1段落2文目に、管理職になるまでは理論の有効性がわからなかったという内容が書かれているので合致し、(B)「本の中の12の質問すべてが個人に焦点を当てている」は、第2段落2文目の内容に合致します。(C)「Emillyは飛行機でこの本を読んだ」は、第1段落の最終文に飛行機で読む話が出てきますが、**Emilly自身が飛行機の中で読んだわけではないので、主語の「すりかえ」の誤答**です。(D)「ビジネスの状況は個々の社員では到底対処できなくなってきている」は、第2段落3文目 "Business has gotten too complex for one individual to deal with" の言い換えで、本文に合致します。

〈評価〉

7分で完答	常時990点レベル
9分で完答	990点レベル
10分30秒で完答	950点レベル
12分で完答	900点レベル

〈語句〉
- bleed of talent 才能の流出
- gradual demise 段階的な崩壊
- cull their observations from ～ 彼らの観察を～から抜き出す
- delegate responsibility 責任を委譲する
- abstract expressions 抽象的な表現
- be abridged 短縮された
- teaser to buy the book 本を買うように掻き立てるもの

〈訳〉

『Flourishing Forever』
Tom Robinson　Neil Ardoney
大志を抱くビジネスパーソン必読の1冊！

Blitz & Companyの経営コンサルタントである両著者は、世界中の

250もの会社や組織の6000人ものリーダーを調査して、最前線で活躍する偉大な経営者のいない会社は、いくら待遇や研修制度が充実していても有能な社員を失うことになるという結論に達した。会社が次第に衰退していく原因はこの有能な人材の流出なのである。このことを念頭に置いて、著者たちは過去25年間にわたる何千ものインタビューでの彼らの観察結果を選び抜いた。世界的に著名なバスケットボールのコーチであるMike Jacksonや大手自動車メーカーCEOであるTheodore Grayなどのリーダーの言葉を引用しながら、優れた管理者になるための「4つのカギ」について概要をまとめている。すなわち、従業員の適材適所を見つけること、従業員の長所を伸ばすこと、目指すべき業績を明確にすること、従業員に責任を持たせて仕事をさせること、とりわけ彼らを1人の個人として扱うことであり、これらはただ単に知識や技術を身につけるということではない。やさしい英語で書かれ、うまくまとまっているので、まさにあなたの会社を繁栄させる方法を学ぶことができることだろう。

Business Mainstream / Issue No. 072

書評：『Flourishing Forever』Tom Robinson & Neil Ardoney
　　　By Emilly Mills, Zacks Corporation

　この本は1人の個人的な経験だけではなく、6000人以上にも及ぶ経営者への調査に基づいている点で価値ある1冊だと思います。最初この本で述べられていることは、管理職に昇進するまでは私の日常の業務には当てはまらないと感じていました。というのも抽象的な表現が多く含まれていたからです。しかしながら、最も有能な従業員を魅了し、彼らを繋ぎ止めるのに必要な情報を組織に与える12の質問は、私が部下のためにどんな環境を作り出し、あるいは作り出すことができていないかを考える上で非常に参考になることがわかりました。この本はどの経営者も飛行機に乗っている間に読み終えられる程度のものですが、彼らが目的地に着くころには多様な経営技術を身につけていることになるだろうと感じます。

しかしながら、半分くらい読んだ頃には著者がインタビューで尋ねている質問に対して少し違和感を抱くようになりました。どの質問も「個人」に関する質問だったのです。ビジネスは個人が対処するにはあまりに複雑で、私の5年間の支店長としての経験によれば、最高の人材を集めるだけでは必ずしもチームの成功にはつながりません。さらに一言付け加えるとすれば、付属のCDがあまりに簡略化されすぎていて、購買欲をあおるための付録として以外にはあまり役に立たないと感じました。

英文読解基礎体力強化文法編④
省略構文に強くなる

省略用法を使う6パターンを完全マスター！

1. 主語を対照させる場合
☐ **We can offer better service** than **they can**.（我々は彼らより良いサービスを提供できる：offer better service の省略）

2. 動詞の時制や助動詞だけを変える場合
☐ Very few of them **have that tremendous passion**, although they know they **ought to**.（そうあるべきだとはわかっているけれど、彼らのうちあのように大きな情熱を持っている人はほとんどいない：have that tremendous passion の省略）

3. not を使った省略
☐ Some **managed to escape** but most of them **didn't**.（何とか逃げることができた者もあったが、大部分は逃げられなかった：manage to escape の省略）

4. 目的語と付加語を対照させる場合
☐ Few people liked being young **than as we do now**.（今日のように若いということを好む人は当時はほとんどいなかった）

5. 助動詞 + have been が進行形や受動態で使われる場合、been は省略できない！
☐ He was not **doing his assignment** though he **should have been**.
（彼は当然宿題をしていなければならないはずだったが、していなかった：doing his assignment の省略）☞ただし完了の受動態では、助動詞の have を用いるだけでもよい。
"**Have** you **been transferred** yet?" "I **have** (been transferred の省略)."
（「もう転勤になったの？」「そうです」）

6. 2番目の節に助動詞の have が含まれている場合、その動詞句に done を加える！
☐ They say they didn't **hear** it but they **must have done** it.
（彼らはそれが聞こえていないと言っているが、聞こえていたに違いない）

Part 7 超難問攻略大特訓⑨

Questions 1-5 refer to the following advertisement and magazine article.

Starmix Cafe

Starmix Cafe is a coffeehouse at N.K. Street in Sillview. Founded in 1991 and located in the middle of the Sillview's busiest area, this cool little restaurant offers a cozy, pleasant interior decor with tables and couches.

- a varied and tasty menu of salads, soups, and pastries
- pleasant outdoor tables facing the street
- a pet-friendly atmosphere that features amenities like complimentary bowls of water for patron's dogs during the summer months
- free high speed Internet port and wireless connections at 5 of 15 tables
- live acoustic music on Friday and Saturday nights
- a variety of beers, wines, and liquors
- loads of yummy, fresh-roasted coffees and tasty teas and fruit juices

Starmix is just a 10 minutes' walk from Sillview Station. If you come here for the first time, keep an eye out for the Becky Ice Cream Shop, because it's right past Starmix and is a bit more obvious. Starmix is also right across the street from the historic Sillview Inn. There is a parking lot behind the building, and you can also park in the Graeter's lot if it's not too crowded.

For more information about us, including details about weekly specials, please visit our website: www.starmixcafe.au. Read on, watch the tempting photos, get hungry and visit Starmix!

Trend Now! No.102
Oasis at the Busiest Business Centre By James Katarais

Conveniently located in the centre of the Sillview downtown area, about a 10 minutes' walk from Sillview Station, Starmix Cafe is popular among a wide spectrum of people all day long. One day morning I dropped in at Starmix to sit and meditate upon what to write in the article for the next issue of this magazine, but it turned out to be impossible, for the place is completely crowded with schoolboys and girls from the nearby high school around 8:30 a.m., Monday through Friday. However, the pre-school crush lessens by 9:00, and you can settle in with your coffee and refreshments, read your paper, concentrate on your thoughts, or watch passers-by in peace without being annoyed by cigarette smoke.

The wait staff was friendly, and everything on the menu looked so tempting. Just browsing the photos of foods on the menu made my mouth water. With over 150 items on the menu, it was hard for me to decide what to choose. After minutes of consideration, I picked out the Tomato & Mozzarella Sandwich, the most popular food at Starmix in Sillview, especially among young people. Soon I understood why. I was really amazed at its massive volume and it took about an hour for this old man to finish eating it! I would have been happier if I could have got a discount coupon available on the Starmix website.

I visited the headquarters of Sillview-based car manufacturer giant Gezz Motors to interview Michael Barpo after the breakfast, and I returned to Starmix 10 hours later. When I stood at the door, I heard from inside the cafe an acoustic band playing beautiful, soothing music. Unlike the hustle and bustle in the early morning, I enjoyed a slow and relaxing atmosphere. I'd like to go back there when I visit Sillview again, someday in the future.

1. What is true of Starmix Cafe?
(A) Internet is available at all seats.
(B) It is located near a school.
(C) It sells some ice creams.
(D) It has a large parking near the building.

2. What does Starmix NOT offer online?
(A) A discount voucher
(B) A member's card
(C) Specially picked items
(D) Pictures of foods

3. What day of the week did Mr. James visit Starmix Cafe?
(A) Monday
(B) Thursday
(C) Friday
(D) Saturday

4. What is implied about Mr. James?
(A) He lives in Sillview.
(B) He is a young writer about business.
(C) He had breakfast in an outdoor seat.
(D) He visit Starmix Cafe twice on the same day.

5. What did Mr. James NOT feel happy about?
(A) Some guests brought their pets.
(B) He didn't get a discount.
(C) Internet was not available.
(D) The room was too crowded all day.

第5章　TOEIC Part 7 超難問攻略大特訓　**309**

〈解答 & 解説〉

　本文自体は読みやすかったと思いますが、解答効率を極限まで高めなければ途中で息切れしかねないtoughな問題でした。あちこちに視点を揺さぶられても混乱せずに、しっかりと検討範囲と解答ポイントを意識して、最後まで解ききりましょう！

1.（B）〈900点レベル〉

> ［満点獲得のためのアドバイス］設問1は1つ目の文章を読んで解決するのが普通ですが、**1つ目の文章に「記述がない」場合、2つ目の文章内で書かれている可能性があります。**「Passage 1→ Passage 2」の順に検討する難問タイプの可能性を視野に入れつつ、焦らずに対処しましょう！

　（A）「すべての席でインターネットが利用できる」："all" が使われていますので「**でたらめな論理**」**の誤答**を疑います。中央の箇条書きの4つ目に「15のテーブルのうちの5テーブルで」利用できると書かれているので不適。（B）「学校の近くに位置している」：1つ目の文章中には「学校」に関する言及がありません。（C）「アイスクリームを販売している」：「ice creams」について書かれている第2段落2行目を見ると、これは Starmix Cafe に行くための**目印となる別の店の名前**であり、「**おとり」型の誤答**です。（D）「建物の近くに広い駐車場がある」：第2段落最終文より、確かに駐車場はありますが、**"large" であるとまでは言っていないので不適**です。（A）、（C）、（D）が明らかな誤りであるのに対し、「記述なし」の（B）に関しては2つ目の文章の第1段落2文目に "nearby high school" とあり、ここではじめて（B）が正解と確信できます。

2.（B）〈950点レベル〉

> ［満点獲得のためのアドバイス］設問の「online」という語に注目し、**関連表現を本文中で検索**します。

　まずは1つ目の文章の最終段落が website 上の情報について書かれていることに注目し、この段落の内容より（C）「特別に選ばれた品目」、

(D)「料理の写真」を消去します。次に2つ目の文章に目を移し、第2段落の最終文の**"available on the Starmix website"**に注目します。この文の内容から(A)「割引券」が入手できることがわかりますので消去します。「両文章同時検索」の問題でした。

3. (C) 〈950点レベル〉

[満点獲得のためのアドバイス] James氏は2つ目の文章の書き手なので、2つ目の文章に目をつけて曜日を特定する情報を探しますが、それでも解答が無理な場合は、1つ目の文章に戻って曜日に関する情報を探してみます。曜日に関する情報への嗅覚を極限まで研ぎ澄ませましょう！

2つ目の文章中の曜日に関する明らかな情報は第1段落2文目の「月〜金のいずれかの日の朝に多くの生徒に会った」ことだけであり、この段階で(D)「土曜日」のみ消去できます。ここで曜日に関するさらなる情報を求めて1つ目の文章を検索すると、箇条書きの5つ目に「金曜、土曜の夜に音楽ライブ」があると書かれています。「**音楽ライブ**」を**2つ目の文章中で調べる**と、最終段落の1〜2文目より、同じ日に店に戻ってきた時に音楽ライブが行われていたと書かれています。音楽ライブがある「金曜、土曜」のうち、**土曜はすでに消去済み**なので、(C)「金曜」が正解です。

4. (D) 〈860点レベル〉

[満点獲得のためのアドバイス] これもJames氏に関する問題なので、2つ目の文章に注目します。「**推測**」型の問題ですので、まずは消去法で答えを絞るつもりで選択肢を1つ1つ検討しましょう！

(A)「Sillviewに住んでいる」：最終段落の最終文で「将来いつの日か再びSillviewを訪れた時は」と書かれており、James氏がSillviewに普段から住んでいるとは考えられません。(B)「ビジネスに関する若いライターである」：James氏がライターであることは第1段落2文目からわかりますが、**"young"**かどうかも確認すると、第2段落の下から2

文目で自分のことを"this old man"と書いているので不適。James氏が若者に人気のメニューを注文していることからの**連想を狙っています**。(C)「屋外の席で朝食を取った」: **朝食に関する話題は第1〜2段落まで**であり、ここにはJames氏が座った場所についての情報は全くありませんので「記述なし」の誤答です。(D)「同じ日にStarmix Caféに二度訪れた」: 最終段落第1文より、同じ日に2回訪れたことがわかりますので正解と判断します。

5.（B）〈860点レベル〉

> [満点獲得のためのアドバイス] James氏についての問題なので、2つ目の文章に注目し、James氏が**満足していないことを示す表現**を探しましょう！

第2段落最終文の"I would have been happier if 〜"（〜ならばより幸せだったのに）という仮定法表現が、設問の"not feel happy"と**パラフレーズの関係になっている**ことに気がつけば、ここに書いてある内容から推測できる（B）「割引を受けなかった」が正解であるとわかります。

〈評価〉

12分以内に完答	990点レベル
16分以内に完答	900点レベル

〈語句〉

- □ cozy 居心地のいい　□ interior decor 室内装飾
- □ pastry ペストリー（パン生地に油脂を加え、パイ状に焼き上げたもの）
- □ pet-friendly atmosphere ペットに優しい雰囲気
- □ complementary bowls of water 無料で提供される水
- □ keep an eye out for 〜 〜を目印にする
- □ tempting photos 誘惑する（＝食欲をそそる）写真
- □ a wide spectrum of people 幅広いタイプの人々

- ☐ meditate upon what to write 何を書くかについて（じっくり）考える
- ☐ soothing music 心が休まる音楽
- ☐ hustle and bustle in the early morning 早朝の喧騒、騒々しさ

〈訳〉

Starmix Cafe

　Starmix Cafe は Sillview の N. K. Street にあるコーヒーハウスです。1991年に設立され、Sillview の最もにぎやかな地区のど真ん中にあり、落ち着いた雰囲気の小さなレストランは、テーブルと長いすを置いてくつろいだ心地良い室内装飾になっています。

- サラダやスープ、ペストリーなどの種類豊富でおいしいメニュー
- 通りに面した心地良い屋外テーブル
- 夏場にはお客様がお連れの犬のために無料のお水用ボウルをご用意させていただくなどの、ペットに優しい雰囲気
- 15テーブル中、高速インターネットポートと無線接続のある5テーブルを設置
- 金曜日と土曜日の夜にアコースティックライブを開催
- 各種のビール、ワイン、お酒をご用意
- 種類豊富なおいしい煎りたてコーヒー、風味の良い紅茶やフルーツジュースなどもご用意

　Starmix は Sillview 駅からわずか徒歩10分です。はじめてお越しの際には Becky Ice Cream Shop を目印にしてください。Starmix を少し通り過ぎたところにあり、少し目立つ建物です。Starmix は歴史のある Sillview Inn から通りを渡ったすぐのところにあります。裏には駐車場がありますが、もしそれほど混んでいなければ Graeter の駐車場にも駐車できます。
　週替わりのスペシャルメニューなど詳細は私たちのウェブサイト、www.starmixcafe.au をご覧ください。記事を読み食欲をそそる写真を見てお腹がすいたら、ぜひ Starmix にお越しください！

第5章　TOEIC Part 7 超難問攻略大特訓

Trend Now! No.102
最もにぎやかなビジネス街のオアシス　By James Katarais

　Sillview 駅から徒歩10分、Sillview の中心街という便利な場所にある Starmix Cafe は1日中幅広い層の人々に人気です。ある朝、私は本誌の次号に書く記事を考えようとふと Starmix に立ち寄ったのですが、そこで考え事をするのは不可能だとわかりました。月曜日から金曜日の朝8時半頃は近所の高校に通学する学生たちでとても混雑しているのです。しかし、9時に学校が始まり混雑が終わると、タバコの煙に煩わされることもなく落ち着いてコーヒーや軽食を楽しんだり、新聞を読んだり、物思いにふけったり、通り過ぎる人をゆったりと眺めることができることがわかりました。

　店員は親しみやすく、メニューはどれも魅力的で、写真を眺めているだけで食べたくなります。150種類以上もあり、どれにしようかと選ぶのに迷うほどです。しばらく考えた後、私はトマトとモツァレラチーズのサンドイッチにしました。それは、Sillview の Starmix で、特に若者に一番人気の食べ物です。すぐに私はその訳がわかりました。そのボリューム感は実に驚きで、年を食った自分には全部食べるのに1時間もかかったほどです！　Starmix のウェブサイトで割引券を手に入れておけばよかったのにと思いました。

　私は朝食の後、Sillview に拠点を置く大手自動車メーカー Gezz Motors の本社を訪れ、Michael Barpo にインタビューを行い、10時間後に再び Starmix に戻りました。入り口に立ったとき、アコースティックバンドが美しく滑らかな音楽を演奏しているのが店内から聞こえてきました。早朝のにぎやかさと違って、ゆったりとリラックスした雰囲気を楽しみました。また Sillview を訪れた際には来店したいと思います。

いかがでしたでしょうか？　以上でPart 7満点獲得のための特訓はすべて終了です。本当にお疲れさまでした。本書をここまで読み通すのは大変だったと思いますが、「確実に満点に近づいた」という確かな自信と手ごたえをつかんでいただけたのではないでしょうか。

　本書の内容は満点獲得のみを視野に入れた大変ボリュームのあるものですので、一度や二度読んだだけではなかなか身につかないと思います。これからも繰り返し本書に挑戦し、いつの日か満点獲得の夢を叶えられることを祈っております。その日が来るまで、

Let's enjoy the process!（陽は必ず昇る！）

■著者略歴
植田　一三（うえだ・いちぞう）

英語のプロ・達人養成機関、Aquaries School of Communication学長。比較コミュニケーション学・翻訳学者。英語の百科事典を10回以上読破し、辞書数十冊を暗記し、洋画100本以上の全せりふをディクテーションするという「超人的」努力を果たす。ノースウェスタン大学コミュニケーション学部修士課程修了後、テキサス大学スピーチコミュニケーション学部博士課程に留学し、学部生に異文化間コミュニケーションとパブリックスピーキングを1年間指導。Let's enjoy the process!（陽は必ず昇る！）をモットーに、英検1級合格者を1300人以上、資格三冠（英検1級・通訳案内士・TOEIC960点）突破者を180名以上、TOEIC満点全国第1位・満点突破者を80名以上輩出。その他、ハーバード大学、プリンストン大学、UCバークレー、ロンドン大学などを始めとする英米トップの大学院合格者を60名以上育てる。主な著書に、『CD BOOK TOEIC® TESTこれ1冊で990点満点』『TOEIC® TEST990点満点英文法・語彙』（明日香出版社、共著）、『TOEIC TEST スーパーボキャブラリービルディング CD BOOK』『英語で意見を論理的に述べる技術とトレーニング』『スーパーレベルパーフェクト英文法』（ベレ出版）、『英語で説明する日本の文化』『英語で説明する日本の観光名所100選』（語研）などがあり、その8冊はアジア5か国以上で翻訳されている。

石井　隆之（いしい・たかゆき）

近畿大学総合社会学部教授、清光教育総合研究所言語学研究主任、言語文化学会会長、通訳ガイド研究会会長、英語通訳案内士一発合格塾塾長。主な著書に『CD BOOK　TOEIC® TESTこれ1冊で990点満点』『TOEIC® TEST990点満点英文法・語彙』（明日香出版社、共著）、『英文ライティングの法則178』（明日香出版社）、『日本の宗教の知識と英語を身につける』（ベレ出版）、『あなたの魅力を伝える面接の英語』（三修社）など。

英文校閲：Joe Ciunci
校正協力：豊岡めぐみ

ご意見をお聞かせください

ご愛読いただきありがとうございました。本書の読後感想・ご意見等を愛読者カードにてお寄せください。また、読んでみたいテーマがございましたら積極的にお知らせください。今後の出版に反映させていただきます。

☎ (03) 5395-7651
FAX (03) 5395-7654
mail : asukaweb@asuka-g.co.jp

TOEIC® TEST 990点満点リーディング

2011年11月15日　初版発行

著者　植田　一三
　　　石井　隆之
発行者　石野　栄一

〒112-0005 東京都文京区水道2-11-5
電話 (03) 5395-7650 (代表)
　　 (03) 5395-7654 (FAX)
郵便振替00150-6-183481
http://www.asuka-g.co.jp

明日香出版社

■スタッフ
編集　早川朋子／藤田知子／小野田幸子／末吉喜美／古川創一／久松圭祐／落合絵美／営ума／小林勝／浜田充弘／渡辺久夫／奥本遠哉／金本智恵／平戸基之／野口優／横尾一樹／後藤和歌子／田中裕也　総務経理　藤本さやか

印刷　株式会社東京研文社
製本　根本製本株式会社
ISBN 978-4-7569-1505-4 C2082

本書のコピー、スキャン、デジタル化等の無断複製は著作権法上で禁じられています。
乱丁本・落丁本はお取り替え致します。
© Ueda & Ishii 2011 Printed in Japan
編集担当　小野田幸子

最強の資格5冠
（英検1級・通訳ガイド・TOEIC990点・工業英検1級・国連英検特A）突破専門校

Ichy Ueda 学長
Aquaries School of Communication

TOEIC満点突破講座（通学・通信）
- 満点が取れるテストテイキングスキルを伝授！
- 何度受けても満点が取れるように英語の実力をUP！
- 問題対策を通して、英語の発信力をUPさせるためのプログラム！

英検1級1次・2次試験突破＆TOEIC満点突破集中講座（通学・通信）
英検1級指導研究28年の実績！最強のカリキュラム教材＆講師陣で優秀合格者全国No.1！

英検準1級1次・2次＆TOEIC 860点突破集中講座（通学・通信）
最短距離で準1級＆TOEIC 860点をGETし、英語のスキル＆キャリアワンランクUP！

通訳案内士試験合格集中対策講座（通学・通信）
少人数制＆個別添削指導＆カウンセリングと毎回の模擬試験によって確実に実力を身につけ合格を徹底サポート！

工業英検1級突破対策集中講座
超効果的スキルUPプログラム＆少人数制レッスンによって、工業英検1級合格者数全国第1位！

iBT TOEFL & IELTS スコアUP集中講座
少人数制の個別添削方式で一流大学に必要なスコアを最短距離でGET！

最強の資格5冠突破本

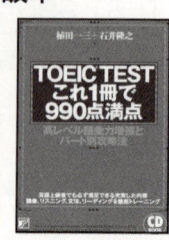

☆詳しくはホームページをご覧ください。
http://www.ies-school.co.jp/　　e-mail: info@aquaries-school.com
※ お問い合わせ、お申し込みはフリーダイヤル　0120-858-994（えいごは ここよ）

Ichy Ueda学長 Aquaries School of Communication（アクエアリーズ）

〒530-0014 大阪市北区鶴野町4 A-709　　TEL 06-6371-3608
〒151-0053 東京都渋谷区代々木2-15-12　クランツ南新宿6階
〒604-8181 京都市中京区間之町御池下る綿屋町528　烏丸エルビル1002
　　　　　　　　　　　　　　　　　　　　　　TEL 075-741-6158

「語源とイラストで一気に覚える英単語」シリーズ

語源とイラストで一気に覚える英単語

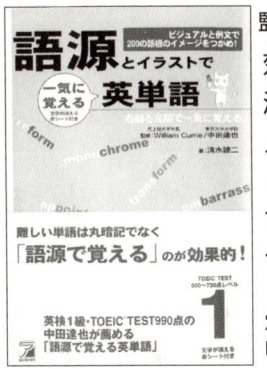

監修：ウィリアム・カリー／中田達也　著者：清水　建二

効率的で効果的な英単語学習法といえば、「語源」で覚えるやり方。本書では特に語源のイメージをつかみやすい単語を中心にセレクト。語源の意味を連想させるイラストによって、丸暗記ではなくビジュアルでイメージをつかめます。TOEIC600～730点レベル。

定価（税込）1680円　A5 並製　256 ページ
ISBN4-7569-0683-4　2003/10 発行

HYPER 語源とイラストで一気に覚える英単語

監修：ウィリアム・カリー／中田達也　著者：清水　建二

シリーズ中級編（TOEIC730～860点レベル）。前書で取り上げた語根・単語もきちんと補足してあるので、初めて手にとってくださった方にも、前書をお持ちの方にもオススメ！ 1単語につき1例文つき。2色刷り、赤シートつき。

定価（税込）1785円　A5 並製　256 ページ
ISBN4-7569-0735-0　2004/03 発行

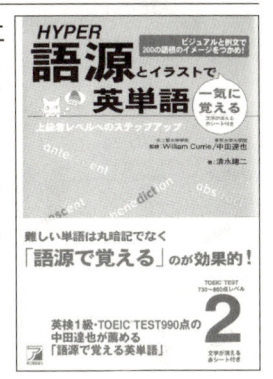

パーフェクトBOOK　語源とイラストで一気に覚える英単語

監修：ウィリアム・カリー／中田達也　著者：清水　建二

シリーズ上級編（TOEIC860～990点レベル）。難しい単語は、丸暗記でなく「語源で覚える」のが効果的です。200の語根とイラストを用いて、無理なく語彙を増やしましょう。語源をマスターすれば、あなたの語彙はもうネイティブレベル！

定価（税込）1785円　A5 並製　288 ページ
ISBN978-4-7569-1202-2　2008/06 発行

ビジネス英語のスキルが TOEIC のスコア UP の秘訣！

CD BOOK 外資系でやっていける英語が身につく

監修：石井隆之　著者：柴山かつの

経験豊富なビジネス通訳によるビジネス英語書。ビジネスシーンの即戦力になる英語力が身につきます。自己紹介や接待、会社説明、クレーム、プレゼン等、すぐに使える会話表現や語彙、さらに文化の違いまで学べます。

定価（税込）2100円　A5並製　272ページ
ISBN4-7569-0672-9　2003/09 発行

CD BOOK 外資系の英語ビジネスミーティング

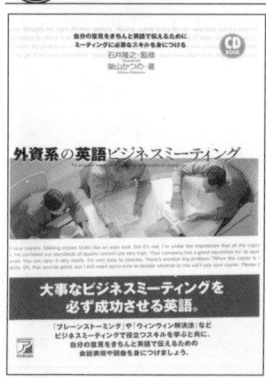

監修：石井隆之　著者：柴山かつの

多国籍の人が集まる会話（ビジネスミーティング）において、自分の意見を英語できちんと言える英語力を身につけるための本。すぐ使える語彙や表現がいっぱいです。日本と外国との文化・発想の違いについても学びましょう。

定価（税込）2100円　A5並製　288ページ
ISBN4-7569-0786-5　2004/08 発行

CD BOOK 外資系の英語プレゼンテーション

著者：浅見ベートーベン

英語でのプレゼンテーションというと、緊張してしまうもの。でも、ルールに基づいた資料作成、せりふの練習、決まり文句、それに Q&A 対策をきちんとしておけば、ネイティブの前でのプレゼンにも自信を持って臨めます。

定価（税込）2310円　A5並製　208ページ
ISBN4-7569-0921-3　2005/10 発行

明日香出版社の TOEIC® TEST 対策シリーズ

短期集中講座！TOEIC® TEST リスニング

監修：植田一三　著者：柴山かつの

新 TOEIC になって、リスニングが難しいと感じた人が多いようです。本書では、リスニングパートをパターン別に問題分析。TOEIC の出題傾向に沿った練習問題と模擬試験で、確実にスコアアップ！　CD には、本番の TOEIC と同じく、アメリカ・カナダ・イギリス・オーストラリア人の英語を収録しています。

定価（税込）2310円　A5 並製　328ページ
ISBN4-7569-0979-5　2006/04 発行

短期集中講座！TOEIC® TEST 英文法

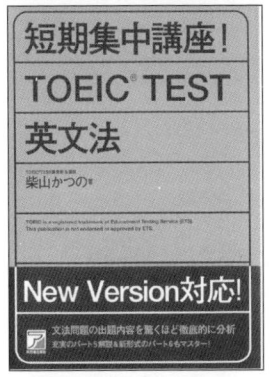

柴山かつの

新 TOEIC の文法問題は、Part 5 はこれまでと同じ問題形式ですが、Part 6 は全く新しい形式になりました。本書では、新しい Part 6 もきちんと解説するのはもちろん、最近とみに出題頻度が高くなっている「語彙問題」用の問題も充実させました。これで確実に短期間でのスコアアップは間違いなし！

定価（税込）1890円　A5 並製　288ページ
ISBN4-7569-1040-8　2006/12 発行

短期集中講座！TOEIC® TEST リーディング

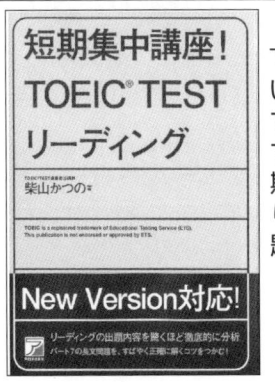

柴山　かつの

TOEIC のパート7（読解問題）が苦手、というあなたに！　パート7に的をしぼり、すばやく正確に問題を解くコツを解説します。問題のパターン別にトレーニング。短期間でリーディング問題を解くコツがわかります。最後にミニ模擬試験を解いて、問題量・時間配分の感覚をつかみましょう！

定価（税込）1785円　A5 並製　256ページ
ISBN978-4-7569-1227-5　2008/09 発行

2人の「英語の達人」による
TOEIC990点満点シリーズ！

TOEIC高得点を目指す受験者の皆さんの必読書！ TOEIC990点シリーズ。英語上級者でも必ず満足できる充実した内容です。「英語の達人」植田一三先生と石井隆之先生による、渾身のシリーズ！

CD BOOK TOEIC® TEST これ1冊で990点満点

植田一三／石井隆之

TOEIC高得点を目指す受験者の皆さんの必読書！ 英語上級者でも必ず満足できる充実した内容。語彙からリスニング・文法・リーディングまで、これ1冊で徹底トレーニングします。

定価（税込）2310円　A5並製　360ページ
ISBN978-4-7569-1352-4　2010/01発行

TOEIC® TEST990点満点英文法・語彙

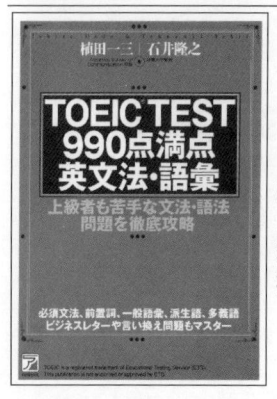

植田一三／石井隆之

大好評「990点満点」シリーズ。TOEIC上級者でも、Part 5, 6 の、特に語法問題でミスを出すことが多いもの。このレベルでは数問の間違いが命取りとなります。必須文法、前置詞、派生語・多義語、ビジネスレター等の練習問題と、Part 7 の「語彙言い換え問題」も盛り込んで、満点を目指します。

定価（税込）1995円　A5並製　304ページ
ISBN978-4-7569-1418-7　2010/11発行